ALAIN ROY

Chantal

L'ODYSSÉE

2e cycle

de la **science** et de la **technologie**

D1396627

CEC

LES ÉDITIONS CEC INC.

8101, boul. Métropolitain Est, Anjou, Qc, Canada H1J 1J9
Téléphone : (514) 351-6010 Télécopieur : (514) 351-3534

Directrice de l'édition
Diane De Santis

Directrice de la production
Danielle Latendresse

Directrice de la coordination
Isabel Rusin

Révision linguistique et correction d'épreuves
Colette Séguin

Recherche iconographique
Francine Dépatie

Conception et réalisation

Illustrateurs
Yves Boudreau (mascottes)
François Escalmel
Bertrand Lachance

Remerciements

L'auteur et l'éditeur tiennent à remercier les personnes suivantes qui ont participé à l'élaboration du projet à titre de consultantes :

Marie Jobin, enseignante à l'Externat Saint-Jean-Berchmans

Nathalie Léveillée, enseignante à la commission scolaire Rivière-du-Nord

L'éditeur remercie tous les organismes qui ont collaboré à la réalisation de cet ouvrage en rendant disponibles certains de leurs documents photographiques. Vous retrouvez la liste détaillée des crédits photographiques à la page 120.

Une mention spéciale à :
The Dian Fossey Gorilla Fund International
800 Cherokee Avenue, SE
Atlanta, Georgia 30315
1-800-851-0203
Web Site: www.gorillafund.org

Dans cet ouvrage, la féminisation des titres de fonctions et des textes est conforme aux règles d'écriture proposées par l'Office de la langue française dans le guide *Au féminin*, produit par Les publications du Québec, 1991.

Un message de l'auteur

Je prépare notre odyssée dans le monde de la science et de la technologie depuis plusieurs années. J'emporte dans mes bagages ma formation, mes compétences et mon expérience en classe auprès de centaines d'élèves qui, comme toi, ont découvert le monde fascinant qui nous entoure.

Au fil des apprentissages que tu feras à travers les quatre modules de ton cahier, tu voyageras dans le monde des animaux, des végétaux, de l'eau et tu pourras même devenir un grand architecte ou une ingénieure talentueuse. Ton cahier deviendra ton journal de bord; tu y garderas les traces des expériences et des activités que tu réaliseras, ainsi qu'un ensemble de connaissances regroupées sous trois rubriques.

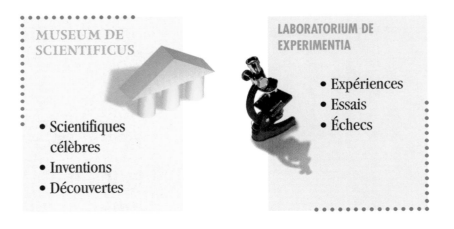

MUSEUM DE SCIENTIFICUS
- Scientifiques célèbres
- Inventions
- Découvertes

LABORATORIUM DE EXPERIMENTIA
- Expériences
- Essais
- Échecs

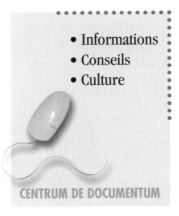

- Informations
- Conseils
- Culture

CENTRUM DE DOCUMENTUM

J'attire ton attention sur le nom des rubriques de l'Odyssée. Tu remarqueras qu'elles portent des noms latins, tout comme les animaux et les végétaux de la Terre. Les scientifiques du monde entier utilisent cette langue universelle afin d'éviter de commettre des erreurs et pour s'assurer d'une plus grande rigueur. Je t'invite à découvrir la signification en français du titre des rubriques.

Sans plus tarder, mettons-nous en route et poursuivons ensemble l'Odyssée de la science et de la technologie!

Alain Roy

Les guides de l'Odyssée

Voici quatre personnes qui ont contribué à l'avancement de la science et de la technologie. Chacune te donnera l'information dont tu auras besoin au fil des escales de ton odyssée.

Module 1

DIAN FOSSEY
Lieu de naissance :
San Francisco,
États-Unis
1932-1985

Zoologiste

Elle a étudié l'ergothérapie, puis elle a obtenu un doctorat en zoologie en 1974. Elle a observé et étudié les gorilles de montagne au Zaïre et au Rwanda. En 1983, elle a écrit un livre intitulé *Gorilles dans la brume*.

Module 2

ANTOINE LAURENT DE LAVOISIER
Lieu de naissance :
Paris, France
1743-1794

Chimiste

Il a étudié la géologie, la chimie, l'astronomie, les mathématiques et la botanique. Il a analysé la composition de l'air et de l'eau. Il a participé à l'élaboration du système métrique.

Module 3

MARIE BERNARD
Lieu de naissance :
St-Alphonse-de-Caplan,
Canada
1948-

Ingénieure

Elle a étudié le génie mécanique. Depuis plusieurs années, elle partage son temps entre la recherche et l'enseignement de la résistance des matériaux à l'École Polytechnique de Montréal. À travers ses nombreuses activités professionnelles, elle fait la promotion du génie auprès des femmes.

Module 4

FRÈRE MARIE-VICTORIN
Lieu de naissance :
Kingsey Falls,
Canada
1885-1944

Botaniste

Il a d'abord étudié à l'Académie Commerciale. Ensuite, il a étudié la théologie et la botanique. En 1935, il a publié un livre sur les plantes du Québec intitulé *Flore laurentienne*. Il s'est intéressé à l'enseignement des sciences. Il a fondé le Jardin botanique de Montréal et l'Institut de géologie.

La démarche d'apprentissage

- Ce cahier d'apprentissage te propose des activités en science et en technologie.
- Chaque escale est divisée en trois étapes.
- Cette démarche te permet de comprendre ce que tu apprends, ce que tu découvres et ce que tu retiens.
- Cette démarche t'incite à communiquer.

Je me rappelle ce que je sais.
Je regarde, je décris, je commente.
Je pose des questions, je me pose des questions.
J'échange des idées avec les autres.

Je m'organise et j'utilise des ressources.
Je fais des essais sans craindre l'échec.
Je continue à me poser des questions.
Je parle de ce que je comprends et de ce que je découvre.

Je communique aux autres ce que j'ai découvert.
Je me sens plus à l'aise en science et en technologie.
Je réinvestis ce que je sais dans de nouvelles situations.

Les pictogrammes

Les pictogrammes te donnent les renseignements suivants :

 Je réalise une expérience.

 Je travaille et je discute en équipe.

 Je discute et je fais le point en groupe.

 J'utilise différentes ressources.

Les sections de recherche

Ces sections te proposent différentes activités pour consolider tes apprentissages et te mettre plus à l'aise.

 Le calepin du scientifique
Je note mes découvertes et je laisse mes traces.

 Le rapport du scientifique
Je fais la synthèse et je consolide mes apprentissages.

 Le projet de recherche
Je relève d'autres défis concrets.

Table des matières

Le règne animal,
tout un monde

Les espèces animales, une catégorisation par classes

Dans la nature, il existe des êtres vivants et des objets inanimés, c'est-à-dire qui ne se reproduisent pas. Les êtres vivants, malgré la diversité de leur forme et de leur taille, ont tous besoin d'abri et d'espace. Pour répondre à ces besoins, ils possèdent des organes qui leur servent autant à se protéger qu'à se nourrir. De plus, ils perpétuent leur espèce en se reproduisant. À toi de découvrir leurs autres besoins.

1 **A** Identifie des êtres vivants du règne animal dans cette illustation.

_____

_____

B De quoi chacun a-t-il besoin pour vivre ?

C Que se passerait-il s'ils ne pouvaient subvenir à tous leurs besoins ?

_____

D Combien y a-t-il de vertébrés et d'invertébrés ?

☐ invertébrés   ☐ vertébrés

Quelles caractéristiques permettent de classifier ou de regrouper des animaux?

2 Tes premières suggestions :

_____

_____

3 **A** Observe les photos de ces six êtres vivants et identifie-les. Trouve trois caractéristiques visibles pour chacun et sers-toi de ce que tu connais déjà.

_____
_____ Un oiseau _____

- _____   - _____   - _____
- _____   - _____   - _____
- _____   - _____   - _____

Chez les êtres vivants, il y a différentes façons de nommer le type de peau de chacun. Parfois, on parle de poils ou de pelage, d'écailles, de peau nue, de plumes ou d'**exosquelette**.

_____   _____   _____

- _____   - _____   - _____
- _____   - _____   - _____
- _____   - _____   - _____

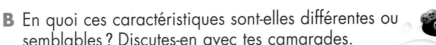

B En quoi ces caractéristiques sont-elles différentes ou semblables ? Discutes-en avec tes camarades.

CENTRUM DE DOCUMENTUM

9

4 **A** Range ces animaux dans leurs classes respectives.

La souris sylvestre

La couleuvre rayée

Le mésangeai du Canada

Le dauphin

La truite arc-en-ciel

Le ouaouaron

Le chardonneret jaune

La tortue des bois

La salamandre maculée

Vertébrés

Amphibiens	Mammifères	Oiseaux	Poissons	Reptiles

B Ajoute un animal que tu connais dans chacune des classes.

C Compare tes réponses avec celles de tes camarades et justifie tes choix.

10

D Maintenant, il est temps de faire appel à ce que tu as découvert et à ce que tu connais déjà. Complète le tableau des caractéristiques générales de chaque classe.

Classes	Caractéristiques générales
Amphibiens	• sont des animaux à température variable. • _____ • _____
Mammifères	• allaitent leurs petits. • sont des vertébrés à « sang chaud ». • _____
Oiseaux	• ont des ailes, mais ne volent pas tous. • ont un squelette dont les os sont vides. • _____
Poissons	• sont aquatiques. • respirent à l'aide de branchies. • _____
Reptiles	• ont la peau sèche. • _____ • _____

Sang chaud (homéotherme)
Les êtres humains ainsi qu'un bon nombre d'animaux ont une température corporelle stable et élevée, indépendamment du milieu dans lequel ils se trouvent. Par exemple, l'hiver, lorsque tu joues dehors, ta température corporelle demeure la même. Tu fais partie des animaux à « sang chaud ».

Sang froid (poïkilotherme)
Les serpents ont une température corporelle qui varie selon le milieu dans lequel ils se trouvent. Ce sont des animaux à « sang froid ».

Tu comprends maintenant pourquoi les expressions « sang chaud » et « sang froid » sont de moins en moins utilisées.

E Quelles sont les caractéristiques communes à ces classes?

_____

_____

F Y a-t-il une ou des caractéristiques particulières à chaque classe? Laquelle? Lesquelles?

CENTRUM DE DOCUMENTUM

11

5 **A** Observe ces trois photos d'êtres vivants et complète le tableau de certaines de leurs caractéristiques.

	Le raton-laveur (*Procyon lotor*)	Le merle d'Amérique (*Turdus migratorius*)	La chauve-souris brune (*Myotis lucifugus*)
Type de peau			
Présence ou absence de colonne vertébrale			
Nombre de pattes			
Ailes			
Classe			

B Compare tes réponses et effectue les corrections nécessaires.

Carl von Linné, naturaliste et médecin suédois (1707-1778) est considéré comme le père de la classification. Il a remarqué qu'on pouvait classer les êtres vivants en catégories grâce à leurs caractéristiques morphologiques. Il a décrit avec précision un grand nombre d'espèces animales et végétales. Il leur a donné un double nom latin. Le premier nom indique le genre et fait référence à une classe en général. Le deuxième nom fait référence à l'espèce. C'est ce qui rend l'animal unique.
Ainsi, il n'y a qu'un *lupus* mais plusieurs *Canis*. Pense aussi au coyote, au chacal et au dingo. Ils ont des ressemblances morphologiques avec le chien et le loup. Encore aujourd'hui, les scientifiques et d'autres personnes utilisent son système international de classification des êtres vivants.

MUSEUM DE
SCIENTIFICUS

	Genre	Espèce
Le loup	*Canis*	*lupus*
Le chien	*Canis*	*familiaris*
Le coyote	*Canis*	*latrans*
Le dingo	*Canis*	*dingo*

6 Nomme trois ressemblances et trois différences physiques entre une brebis et un enfant de ton âge.

Nos ressemblances	Nos différences
_____	_____
_____	_____
_____	_____

7 **A** Choisis trois êtres vivants vertébrés parmi les photos ci-dessous. Pour chacun d'eux, trouve deux caractéristiques qu'on ne voit pas sur ces photos.

1

2

3

4

_____   _____   _____   _____

_____   _____   _____   _____

B Élabore ton propre système de classification de ces trois êtres vertébrés et illustre-le. Aide-toi du numéro 4 et de ce que tu connais déjà pour répondre.

Certains scientifiques classifient aussi les animaux selon leur couleur, leur taille, leur habitat et leur forme. Il ne faut pas croire cependant que les dauphins sont des poissons parce qu'ils vivent dans un habitat aquatique.

CENTRUM DE DOCUMENTUM

Je note mes découvertes et je laisse mes traces de l'escale 1 à la page 32.

L'adaptation, des moyens de défense pour survivre

Certaines espèces animales s'éteignent chaque jour sur notre planète. Pendant ce temps, d'autres doivent se protéger pour survivre ou se maintenir en bonne santé. Il n'y a pas que la nourriture et l'eau qui posent problème : les animaux doivent fuir leurs prédateurs, lutter contre les intempéries et s'abriter. Lorsque les besoins d'un animal sont comblés, on dit qu'il est **adapté** à son environnement.

1 **A** Observe cette illustration. Saurais-tu dire comment les humains se protègent du froid en automne ?

_____

B Connais-tu une technique de camouflage utilisée par les chasseurs ?

_____

C Peux-tu nommer un animal qui court très rapidement ? Pourquoi le fait-il ? Quand le fait-il ?

_____

_____

D Pourquoi devons-nous éviter de nous approcher d'une moufette ?

_____

E Qu'a de particulier le porc-épic ?

_____

La couleur de l'animal peut-elle le protéger de ses prédateurs ?

Consignes

Pour chacune des deux chasses de trois minutes, ton enseignant ou ton enseignante t'informera sur les **limites** du territoire de chasse. Imagine que tu es un oiseau affamé en quête de nourriture. Les cure-dents de différentes couleurs placés un peu partout sur le sol sont des insectes qui peuvent te servir de repas. D'autres oiseaux ont faim. À toi de penser où tu placeras les insectes pour qu'ils ne se fassent pas tous dévorer. Quand la chasse commence, sers-toi de tes sens pour repérer ton dîner.

Il te **faut**

- 1 montre
- 16 cure-dents préalablement coloriés en 8 couleurs différentes (2 par couleur) ou des cure-pipes de couleurs différentes (6 cm)

Avant l'expérience

2 **A** Colorie dans le tableau ci-dessous les huit couleurs retenues par le groupe pour cette expérience.

Chasse	Couleurs							
1								
2								

B Quelle couleur sera la plus facile à trouver ? Explique ton choix.

_____

C Pourquoi une couleur sera-t–elle plus difficile à repérer qu'une autre ?

_____

Pendant l'expérience

D Place tes objets à différents endroits sur le terrain choisi.

E Demande à tes camarades de commencer leur chasse. Fais de même à ton tour.

F Pour chaque chasse, complète le tableau du numéro 2A en écrivant l'endroit où tu as trouvé chaque couleur. Exemples : arbre, gazon, asphalte, terre, roche, etc.

Le guêpier se nourrit surtout de guêpes et d'abeilles.

CENTRUM DE DOCUMENTUM

15

Le bébé phoque est recouvert d'une épaisse couche de graisse qui le garde au chaud sous son pelage blanc. Bougeant peu, il est vulnérable aux prédateurs (baleines, ours polaires et êtres humains). Son manteau blanc, qui se fond dans la neige, le protège cependant des prédateurs. Sans ce moyen de défense, la survie de l'espèce serait menacée.

CENTRUM DE DOCUMENTUM

G Quelle couleur est la plus difficile à repérer? Pour quelles raisons?

_____

_____

_____

H Quelle couleur est facile à trouver? Où était-elle placée?

_____

_____

3 **A** Pourquoi la couleur d'un animal est-elle si importante pour sa protection?

_____

_____

_____

B Nomme un animal que tu connais qui se sert de sa couleur pour se protéger.

_____

C Comment sa couleur l'aide-t-il à survivre?

_____

_____

_____

4 Il existe différentes manières de se protéger et d'éviter d'être des proies faciles pour les prédateurs. En voici quelques-unes.

1

2

3

_____

_____

_____

4

5

6

_____

_____

_____

Les animaux sont pourvus de divers moyens d'adaptation qui les aident à chercher de la nourriture et à se défendre. Par exemple, le vautour utilise ses serres pour s'agripper aux branches et pour retenir sa proie, tout en la déchiquetant à l'aide de son bec.

CENTRUM DE DOCUMENTUM

Choisis un groupe de mots qui représente la façon de se protéger de chaque animal. Place-le sous la photo correspondante.

- le venin
- le sabot
- les dents
- le bec
- les griffes
- les odeurs
- les épines
- les serres

5 Nomme un autre moyen de défense propre aux animaux. Comment l'utilisent-ils ?

_____

_____

6 Nomme deux moyens de défense de l'être humain.

_____

_____

Les caméléons et les anolis (de petits lézards) sont des animaux capables de changer de couleur parce que les **cellules** de leur peau contiennent des **pigments**. Chez le caméléon, ces cellules sont rouges, jaunes et noires. Chez les anolis, les pigments sont verts et bruns. Ainsi, ces reptiles peuvent se camoufler dans le milieu où ils évoluent.

CENTRUM DE DOCUMENTUM

7 À quoi servent les diverses adaptations des animaux?

_____

_____

8 Décris comment cette chatte procède pour capturer sa proie.

_____

_____

9 A La poursuite et l'esquive

Polaire l'ourse a faim et voudrait bien manger Loup-Marin, le phoque commun.

Consignes

- À son tour, chaque animal se déplace sur la banquise d'une case à l'autre, de gauche à droite, de haut en bas et sans revenir sur ses traces. Il ne peut pas se déplacer en diagonale.
- Chaque animal avance selon le nombre de cases indiqué par les dés.
- Polaire quitte son point de départ en premier. Loup-Marin se promène à son tour et respecte les mêmes consignes.
- Lorsque Loup-Marin se trouve dans l'eau profonde (les cases B3, D4, D7), Polaire doit rebrousser chemin.
- Si Loup-Marin est capturé, il peut se sauver et se sortir des griffes de son ennemie s'il obtient un 4. Alors, Polaire le relâche, et la chasse se poursuit. Sinon, Loup-Marin devient le succulent repas de Polaire.
- La poursuite et l'esquive ne durent que six minutes. Après ce délai, Loup-Marin est libre et déclaré vainqueur.

Il te faut

- ■ 1 horloge ou 1 montre
- ■ 2 dés
- ■ 2 jetons (1 jeton pour Polaire et 1 jeton pour Loup-Marin)

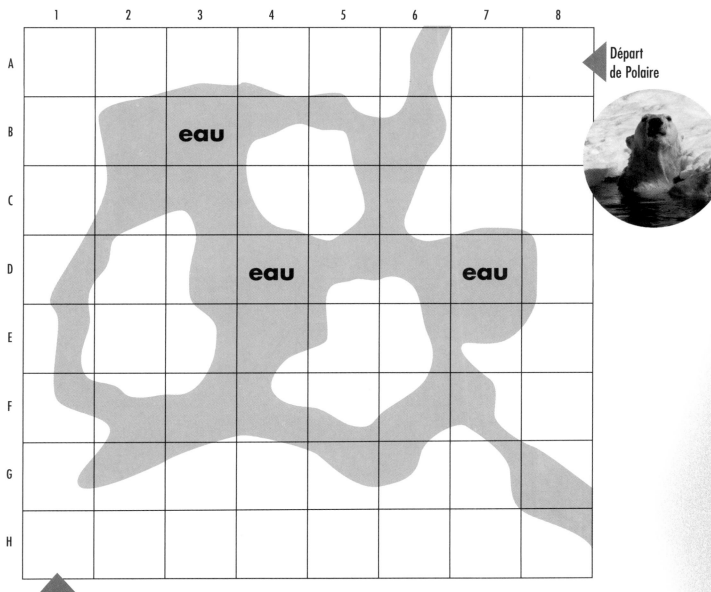

Départ
de Polaire

Départ de
Loup-Marin

eau

eau

eau

B Qu'as-tu appris en faisant ce petit jeu ?

_____

_____

Je note mes
découvertes et je
laisse mes traces
de l'escale 2
à la page 32.

Les dents, des outils très tranchants

Chez l'être humain, on compte 20 dents temporaires (dents de lait). Ces dents tombent et sont peu à peu remplacées par 32 dents. Il s'agit de la denture définitive. Chez les mammifères, à l'exception des rongeurs (castor, rat, écureuil), on trouve ces deux dentures successives. Chez l'être humain, les dents ne se **régénèrent** pas, elles ne repoussent pas une fois tombées. Il faut bien les entretenir.

1 **A** Qu'ont en commun ces photos ?

_____

B Ces êtres vivants mangent-ils tous la même chose ? _____

Pourquoi ? _____

_____

C Se nourrissent-ils tous de la même façon ? _____

Pourquoi ? _____

À quoi servent les dents dans la bouche ou dans la gueule d'un mammifère?

2 Ont-elles toutes le même rôle ? Justifie ta réponse.

_____

_____

3 **A** Observe la denture (l'ensemble des dents) de ces deux personnes. Combien de dents leur manque-t-il ? Écris-le dans chaque case.

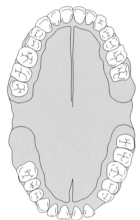

Denture d'un enfant
de 9 ans

Denture d'une personne
adulte de 30 ans

B En quoi les deux dentures sont-elles différentes ?

_____

C Celles du devant ressemblent-elles à celles du fond chez l'enfant ? Et chez l'adulte ? Pourquoi ?

_____

_____

D Ont-elles la même fonction ? Mange une pomme pour le vérifier.

_____

Il te **faut**

■ 1 pomme

4 Si tu effectuais un moulage de ta denture, obtiendrais-tu des empreintes identiques à celles que tu auras à la fin de tes études secondaires ? Explique-toi.

_____

_____

Chez les mammifères du Québec, la denture diffère d'une espèce à une autre selon le type de nourriture que mange chaque espèce. Les scientifiques ont donc constitué quatre groupes en fonction de leur régime alimentaire.

	Insectivores	Rongeurs	Ruminants	Carnivores
Régime alimentaire	se nourrissent d'insectes, de vers et d'autres invertébrés.	se nourrissent surtout de feuilles, de bourgeons, d'écorce, de graines et de fruits.	se nourrissent généralement de pousses végétales et de petites branches.	se nourrissent d'animaux vivants ou morts selon les espèces.
Denture	les dents sont petites et pointues, surtout chez les animaux de petite taille.	les incisives servent à trancher les pousses végétales, ont aussi des molaires.	herbivores qui arrachent les tiges et les petites branches, incisives supérieures absentes.	canines fortes pour mordre et saisir la chair.
Exemples	taupe, chauve-souris, musaraigne	castor, écureuil, tamia rayé, souris	vache, orignal, caribou, cerf (chevreuil)	loup, lynx, renard

Il te faut

- 1 miroir
- des crayons de couleurs (rouge, vert, jaune, bleu)

5 **A** Colorie de différentes couleurs les quatre sortes de dents.

● prémolaires   ● canines   ● molaires   ● incisives

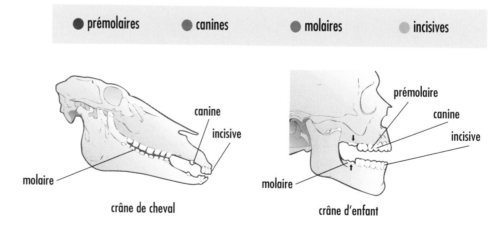

crâne de cheval

crâne d'enfant

B En quoi la dentition du cheval, ce ruminant à sabots, est-elle différente de celle d'un enfant?

_____

6 Associe chaque mot à une utilité des dents chez les mammifères.

1. incisives	2. molaires	3. canines

☐ Les dents larges et plates situées à l'arrière de la mâchoire servent à broyer les aliments.

☐ Les dents placées à l'avant de la mâchoire servent à couper les aliments.

☐ Les dents pointues placés sur le côté servent à déchirer la nourriture.

7 **A** Identifie les deux dentitions qui ressemblent le plus à la tienne.

Chez les animaux herbivores, les molaires sont plates alors que les canines sont généralement petites. Parfois, ils n'en ont pas du tout. Par contre chez les carnivores, les canines sont pointues. Ils ont également des molaires à pointes coupantes.

CENTRUM DE DOCUMENTUM

crâne
d'enfant

☐

crâne de
chimpanzé

☐

crâne de
lion

☐

B Explique pourquoi.

_____

_____

_____

_____

Entre les incisives et les molaires du cheval, on remarque un grand espace. Cette caractéristique est présente chez plusieurs mammifères herbivores.

CENTRUM DE DOCUMENTUM

8 **A** Indique dans l'illustration le nom des quatre sortes de dents d'un enfant de ton âge.

- incisive   - molaire   - prémolaire   - canine

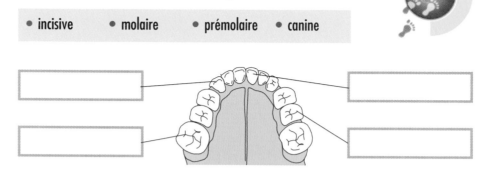

B Associe la fonction aux dents correspondantes.

1. molaires et prémolaires	**2.** incisives	**3.** canines

☐ Elles coupent les aliments en gros morceaux.

☐ Elles déchirent les gros morceaux.

☐ Elles broient les aliments en une pâte molle.

9 Regarde les dents qui composent la mâchoire de quatre personnes d'âges différents. Associe l'âge de chaque personne à sa dentition probable.

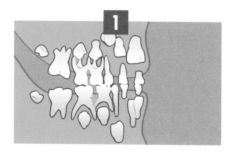

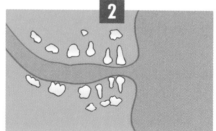

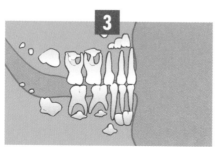

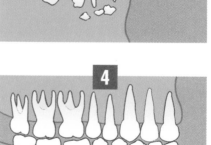

☐ de 2 à 4 mois   ☐ de 5 à 7 ans

☐ de 2 à 4 ans   ☐ de 17 à 19 ans

10 Observe les photos suivantes. Associe la dentition à l'animal correspondant.

☐ Je possède deux dents et l'une d'elle peut atteindre 3 mètres de long.

☐ Mes défenses servent à m'accrocher à la banquise pour sortir de l'eau.

☐ Mes dents servent à brouter ma nourriture.

11 A Dessine ta mâchoire inférieure (les dents du bas).

B Compte et nomme tes dents. J'ai _____ dents en bas.

Je note mes découvertes et je laisse mes traces de l'escale 3 à la page 32.

Les castors possèdent des outils de travail très efficaces. Leurs quatre incisives sont longues et tranchantes. La chance leur sourit, puisqu'elles repoussent au fur et à mesure qu'elles s'usent.

CENTRUM DE DOCUMENTUM

Il te **faut**

◼ 1 petit miroir

25

La pupille, la prunelle de tes yeux

La vision, l'ouïe, le toucher, l'odorat et le goût sont des sens très développés chez les mammifères. Pour s'alimenter ou se protéger, certains animaux privilégient un sens plutôt que les autres. Pour la majorité des êtres humains, la vue est le principal sens. Pour analyser les images qui nous parviennent, nous faisons appel à 66 % des capacités de notre cerveau.

1 **A** À quoi servent les yeux ? _____

_____

B Nomme au moins deux parties de l'œil.

_____   _____

C Pourquoi crois-tu que certaines personnes portent des verres de contact ou des lunettes ?

D Quand t'arrive-t-il de ne pas bien voir les objets ou les personnes de ton entourage ?

_____

_____

Pourquoi la pupille de tes yeux s'agrandit-elle ou se rétrécit-elle?

Pupille

2 Mes premières tentatives de réponse :

_____

_____

3 Voici en cinq étapes des expériences pour comprendre ce phénomène.

Étape 1

A Utilise à tour de rôle trois objets différents de ton choix. Ces objets doivent être de grosseurs différentes mais de couleurs semblables.

B Place-les l'un après l'autre devant les yeux d'une autre personne en te plaçant toujours à la même distance.

C Observe la pupille de cette personne. Si tu es seul, utilise un miroir pour te voir.

D La pupille varie-t-elle selon la grosseur des objets regardés?

_____

E Écris le nom des objets utilisés et inscris tes observations dans le tableau ci-dessous.

Il te faut

- 1 miroir
- 1 lampe de poche
- des lunettes de soleil
- des objets (cartons rouge, jaune, bleu, etc.) de grosseur et de couleurs différentes
- 1 bandeau ou 1 foulard opaque pour mettre sur tes yeux

Mise en garde
Évite tout contact entre le matériel et tes yeux, à l'exception du bandeau ou du foulard.

Objet	Diamètre de la pupille	
	Varie	Ne varie pas
1. _____		
2. _____		
3. _____		

Les verres sont fabriqués de trois matériaux différents : le verre, la matière plastique et le polycarbonate qui est une nouvelle matière plus résistante aux chocs.

Le diamètre signifie la largeur de l'ouverture de la pupille.

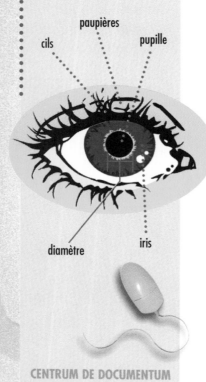

paupières
cils
pupille
diamètre
iris

Étape 2

A Utilise les mêmes objets qu'en A et fais varier les distances par rapport à l'œil. Complète le tableau.

Objet	Diamètre de la pupille	
	Varie	**Ne varie pas**
1. _____		
2. _____		
3. _____		

B Que constates-tu ?

_____

_____

Étape 3

A Refais l'expérience en utilisant des objets de grosseurs et de couleurs différentes (rouge, jaune, bleu).

B En quoi tes résultats sont-ils semblables ou différents des expériences précédentes ?

_____

_____

_____

C As-tu changé quelque chose au cours de cette expérience (lieu, lumière différente, couleurs différentes) ? Indique-le.

_____

_____

Étape 4

A Éclaire un miroir à l'aide de ta lampe de poche. Regarde-toi en tenant le miroir à une distance de bras et indique ce qui arrive à ta pupille.

Objet	Diamètre de la pupille	
	Varie	**Ne varie pas**
Éclaire le miroir.		
Éclaire tes yeux.		

B Recommence en éclairant directement tes yeux pendant 5 secondes et en plaçant ta lampe de poche à une distance de 1 mètre. Que se passe-t-il ?

_____

C Quelles sont tes conclusions pour le moment ?

_____

_____

Étape 5

A Couvre tes yeux à l'aide d'un bandeau ou d'un foulard opaque pendant une minute. Enlève-le et observe ta pupille.

B Que remarques-tu ? Note-le dans le tableau ci-dessous.

Objet	Diamètre de la pupille	
	Varie	**Ne varie pas**
Couvre tes yeux.		
Enlève le bandeau.		

C Comment expliques-tu ce phénomène ?

_____

_____

MUSEUM DE
SCIENTIFICUS

En 1610, Galilée fabrique deux lunettes astronomiques qui sont plus puissantes que celle qui avait été inventée auparavant aux Pays-Bas. La meilleure des lunettes de Galilée grossissait 20 fois. Même s'il n'est pas l'inventeur de la lunette astronomique, celle-ci porte le nom de lunette de Galilée.

Pupille de chat

Ouverte

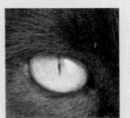

Fermée

Pupille de lion

Ouverte

Fermée

En se fermant, la pupille du chat prend la forme d'une fente. Celle du lion reste circulaire.

4 Joue à la star de cinéma et porte tes lunettes de soleil.

A Regarde un objet quelconque. Observe l'ouverture de ta pupille sans lunettes de soleil.

B Porte tes lunettes de soleil pendant 30 secondes. Refais la même chose pendant 2 minutes. À chaque fois, enlève tes lunettes et observe si le diamètre de ta pupille a changé.

C Note tes observations dans le tableau.

Objet	Diamètre de la pupille	
	Varie	**Ne varie pas**
Porte tes lunettes pendant 30 secondes.		
Porte tes lunettes pendant 2 minutes.		

5 Compose deux phrases à l'aide des mots ci-dessous. Explique quand les pupilles se rétrécissent ou s'agrandissent.

- s'agrandissent
- pupilles
- se rétrécissent
- il fait sombre
- beaucoup de lumière
- moins de lumière

_____

_____

_____

Quand la lumière est trop forte, les pupilles se referment pour empêcher que les rayons lumineux ne causent des dommages aux yeux. Mais lorsque la lumière est faible, les pupilles s'ouvrent davantage. Cela permet à une plus grande quantité de lumière de passer, ce qui améliore la vue. La pupille humaine se dilate et s'agrandit jusqu'à un diamètre de 7 mm dans l'obscurité. Par contre, elle s'ouvre normalement de 2 à 3 mm en plein jour. Ce n'est donc ni la distance, ni la grosseur, ni la couleur d'un objet qui font varier son diamètre.

6 Qui suis-je ?

A Ma taille varie selon la quantité de lumière qui entre dans ton œil.

_____

B C'est moi qui influence le diamètre de ta pupille.

_____

7 Réalise une expérience à la maison pour montrer que le diamètre de ta pupille change.

Il te faut

■ 1 miroir
■ 1 pièce sombre

A Ce que je sais déjà sur le diamètre de mes pupilles :

_____

_____

B Ma question :

_____

C Ce que je fais pour vérifier :

_____

_____

D Mes observations, mes informations et mes résultats :

_____

_____

_____

E Mes conclusions pour le moment :

_____

_____

L'ornithorynque se promène sous l'eau à l'aveuglette : ses yeux et ses oreilles demeurent fermés durant sa plongée. Pour les maintenir fermés, il se sert de forts muscles qui permettent à sa peau de se replier. Grâce à la sensibilité de son bec, il peut se diriger sous l'eau.

CENTRUM DE DOCUMENTUM

Je note mes découvertes et je laisse mes traces de l'escale 4 à la page 32.

31

Le calepin du scientifique

Je comprends et je retiens :

Escale **1**   **Les espèces animales, une catégorisation par classes**

_____

_____

_____

Escale **2**   **L'adaptation, des moyens de défense pour survivre**

_____

_____

_____

Escale **3**   **Les dents, des outils très tranchants**

_____

_____

_____

Escale **4**   **La pupille, la prunelle de tes yeux**

_____

_____

_____

J'aimerais savoir :

_____

_____

J'aimerais connaître et je voudrais expérimenter :

_____

_____

Le rapport du scientifique

1. Trouve une façon de classifier le cheval et le chat.

Nomme deux caractéristiques visibles et une caractéristique invisible pour chaque animal.

	Cheval	Chat
Caractéristiques visibles	_____ _____	_____ _____
Caractéristiques invisibles	_____	_____

2. Explique comment le cerf (chevreuil) se protège des prédateurs.

_____

_____

3. Comment la couleur permet-elle à une proie de se protéger de son prédateur ?

_____

4. Nomme deux utilités des dents chez l'être humain.

_____   _____

5. Donne un exemple de ce que tu fais pour te garder en santé.

Activité physique : _____

Alimentation : _____

Hygiène : _____

6. Qu'arrive-t-il à la pupille de tes yeux lorsqu'il fait très sombre dans la pièce où tu te trouves ?

_____

Le projet de recherche

1. À ton tour, complète une grande carte d'identité.

2. Observe un animal en classe, à la maison, dans ton voisinage, au zoo, etc.

3. Si tu ne peux observer un animal vivant, sers-toi de toutes sortes de documents pour le faire.

4. Présente ton animal à la classe.

Voici un modèle de carte d'identité.

Nom de l'animal : _____

Groupe : _____

Sexe : _____

.Dessin ou photo de l'animal.

Aspect physique (taille, poids, présence ou absence de colonne vertébrale, etc.) :

_____

Pattes (nombre de pattes, nombre de doigts, présence de griffes, etc.) :

_____

Tête (oreilles, yeux, dents, etc.) :

_____

Nourriture (herbivore, carnivore, etc.) :

_____

Comportement : _____

Type et couleur de peau : _____

Ennemi : _____

Caractéristique invisible : _____

Réflexion ✚

• Pourquoi dit-on que certaines espèces animales sont menacées ?

• Que faire pour éviter que les poux n'envahissent ma tête ?

• À quoi servaient les dents des dinosaures carnivores ?

• Pourquoi chaque espèce animale est-elle importante ?

34

L'eau,
au fil du temps

Les trois visages de l'eau

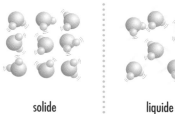

solide   liquide   gazeux

1 Observe différentes formes visibles de l'eau. Coche les cases où l'eau est sous une forme visible.

Tu sais sans doute que le monde qui t'entoure comprend des solides, des liquides et des gaz. Les matières vivantes et non vivantes sont composées de minuscules particules appelées molécules. Elles sont toujours en train de bouger et de se déplacer même dans les objets immobiles. L'eau est une substance qui se transforme facilement. Ses molécules sont souvent en mouvement.

- L'eau est invisible quand elle est sous forme de **vapeur d'eau**.
  Si elle prend la forme de gouttelettes d'eau, alors tu peux la voir.

- L'eau bout à 100 °C. C'est l'état gazeux.
  L'eau gèle pour devenir de la glace à 0 °C.
  Il s'agit de son état solide.

Dans quelle situation la glace va-t-elle fondre plus rapidement ?

2 **A** Comme tu le sais déjà, la chaleur transforme l'eau à l'état solide en eau à l'état liquide. Observe les trois illustrations ci-dessous qui correspondent à des sources de chaleur et à des quantités de chaleur différentes.

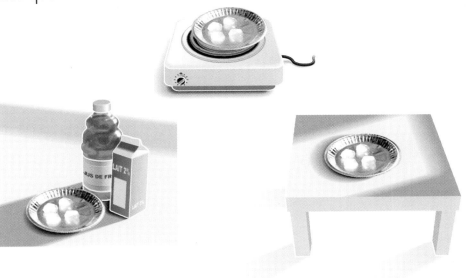

B Explique ta prédiction.

_____

_____

C Vérifie ta prédiction. S'est-elle avérée juste ?

_____

_____

D Que déduis-tu au sujet de la chaleur et de ce liquide ?

_____

_____

_____

_____

Il te faut

- 1 petit réchaud ou 1 lampe avec ampoule

- 3 assiettes et 3 glaçons de même volume

3 Nomme trois autres solides que tu connais et qui fondent sous l'effet de la chaleur.

_____

L'eau peut-elle se transformer et passer d'un état liquide à un état gazeux?

4 **A** Qu'en penses-tu?

_____

_____

B Observe les illustrations suivantes. Elles présentent le même verre contenant de l'eau.

2 ou 3 jours plus tard

C Où est passée l'eau?

_____

_____

D Qu'est-ce qui a provoqué la transformation de l'eau?

5 Observe les situations suivantes. Choisis parmi les mots suivants celui qui complète le mieux les phrases suivantes.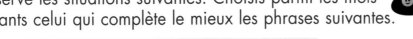

- l'eau
- la vapeur d'eau
- la neige
- la glace

L'eau devient de _____ .

L'eau devient de _____ .

Lors de la prochaine escale, tu découvriras comment l'eau, à l'état gazeux, redevient liquide.

CENTRUM DE DOCUMENTUM

La neige fond et devient de _____ .

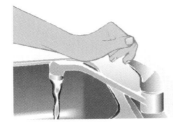  

L'eau demeure de _____ .

6 **A** Observe les illustrations ci-dessous. Elles représentent l'eau sous différents états. N'oublie pas que la vapeur d'eau ne se voit pas.

CENTRUM DE DOCUMENTUM

B Remplis le tableau ci-dessous et inscris le numéro des illustrations qui correspondent à un état de l'eau.

L'eau dans tous ses états		
État	Numéro(s)	
État	Numéro(s)	
État	Numéro(s)	

7 Comment nomme-t-on l'état invisible de l'eau ?

_____

40

8 Illustre une situation de ta vie où l'eau est passée de la forme liquide à solide.

LABORATORIUM DE EXPERIMENTIA

Attention à la vapeur d'eau !

Ce n'est pas de la vapeur d'eau. Ce sont de minuscules gouttelettes appelées de la vapeur d'eau condensée.

Je note mes découvertes et je laisse mes traces de l'escale 5 à la page 60.

41

L'eau, une grande voyageuse

Je me mets en route

Chaque humain, plante et animal a besoin d'eau pour vivre et survivre. Pour cela, il faut que l'eau soit recyclée. Le cycle de l'eau, c'est la façon dont la Terre utilise et recycle l'eau. Le cycle de l'eau est régi par le Soleil qui produit de l'énergie sous forme de chaleur.

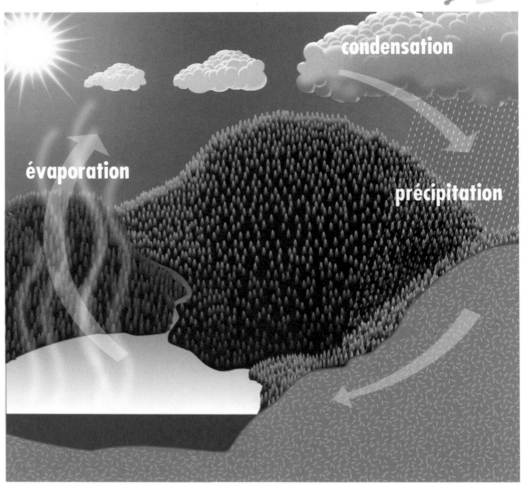

condensation

évaporation

précipitation

1 Que connais-tu de ce schéma du cycle de l'eau ?

_____

_____

Le phénomène qui fait passer l'eau de l'état gazeux à l'état liquide s'appelle la condensation.

CENTRUM DE DOCUMENTUM

Comment l'eau voyage-t-elle?

Tu dois d'abord lire l'histoire de Gouttie, la gouttelette.

Gouttie flotte sur l'océan Atlantique. Tout à coup, elle a très chaud. Elle voit un nuage se déplacer et elle aimerait s'envoler jusqu'à lui afin de se refroidir. Soudain, elle s'élève vers le nuage, elle est en train de s'évaporer.

Puis, l'air se refroidit. Gouttie, Goutteline et d'autres gouttelettes évaporées se regroupent dans le nuage. Elles se sont condensées. Elles voyagent ensemble et le nuage devient tellement rempli de gouttes qu'il se déverse sous forme de pluie. Gouttie saute avec les gouttes et glisse de branches en feuilles. Elle se laisse porter longtemps sur le dos d'une feuille.

La pluie cesse et Gouttie se repose. Soudain, elle a peur d'un pétrolier et saute à l'eau. Gouttie sent l'odeur de l'océan. Elle reconnaît cet endroit. Le lendemain matin, son ami, le Soleil, est encore au rendez-vous. Gouttie est prête pour une nouvelle odyssée.

2 **A** Où Gouttie était-elle avant de s'évaporer?

_____

B Pourquoi s'est-elle évaporée?

_____

C Quelle étape du cycle de l'eau a permis à Gouttie de se regrouper avec ses camarades dans le nuage?

_____

D Pendant que ses amies et elle voyageaient, le nuage a commencé à se charger. Que s'est-il passé?

_____

E À quelle étape du cycle de l'eau correspond le saut de Gouttie quittant le nuage?

_____

F Lorsque Gouttie a terminé son cycle de l'eau, où s'est-elle échouée?

_____

LABORATORIUM DE EXPERIMENTIA

Cette expérience montre que la vapeur monte exactement comme l'eau de la mer quand elle est chauffée par le Soleil. Dès qu'elle entre en contact avec la paroi vitrée plus froide, elle se condense et retombe en fines gouttelettes. C'est ce qui se produit dans la nature quand l'eau forme les nuages et qu'elle retombe en pluie. Lorsque l'eau tombe et glisse sur le panneau vers le bac, c'est comme l'eau des rivières et des fleuves qui coule vers la mer.

3 Voici deux situations familières.

A Que remarques-tu ?

_____

_____

_____

B Où est passée l'eau contenue dans les vêtements ?

_____

C Va-t-elle revenir un jour ?

_____

D Pourquoi ?

_____

_____

_____

_____

E Nomme deux éléments de la nature qui permettent aux vêtements de sécher.

_____

_____

Il fait tellement froid que les blocs de neige ne fondent pas !

45

4 Voici une expérience pour comprendre que l'eau voyage.

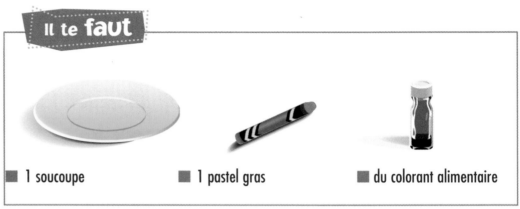

■ 1 soucoupe   ■ 1 pastel gras   ■ du colorant alimentaire

A Verse de l'eau colorée dans une soucoupe.

B Trace au pastel gras la limite de la superficie occupée par l'eau. Laisse la soucoupe dans un endroit chaud et sec pendant au moins deux jours.

C Que peut-il se produire?

_____

_____

_____

Le geyser est une source d'eau chaude qui jaillit de la terre par intermittence, c'est-à-dire de façon irrégulière.

CENTRUM DE DOCUMENTUM

D Observe de nouveau la soucoupe deux jours plus tard. S'est-il passé quelque chose?

_____

E La quantité d'eau est-elle la même?

_____

F Saurais-tu expliquer pourquoi?

_____

_____

_____

5 Que sais-tu maintenant du cycle de l'eau ?
Complète les phrases suivantes.

- l'évaporation   - la précipitation   - la condensation

Le verglas, la pluie, la grêle et la neige
sont diverses formes que peut prendre

_____.

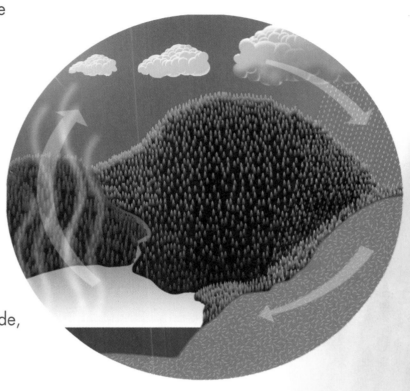

Lorsqu'une source de chaleur
ou de lumière fait passer l'eau
en vapeur d'eau, on dit que c'est
de _____.

Quand la vapeur d'eau invisible
se refroidit et qu'elle redevient un liquide,
c'est de _____.

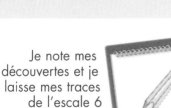

L'eau dans ton corps
L'eau a une importance capitale pour
tous les êtres vivants. Le corps humain
contient jusqu'à 60 % d'eau, alors que le
cerveau en contient 70 %, le sang, 82 %
et les poumons, tout près de 90 %.

CENTRUM DE DOCUMENTUM

Je note mes
découvertes et je
laisse mes traces
de l'escale 6
à la page 60.

47

La pluie, mystère ou gouttelettes d'eau

Je me mets en route

Rappelle-toi que contrairement à la pluie et à la neige, la rosée ne tombe pas du ciel. Pendant la nuit, la température chute et la vapeur d'eau invisible que contient l'air se condense en gouttelettes d'eau au contact de chaque brin d'herbe.

Pourquoi la pluie tombe-t-elle ?

Parce que....

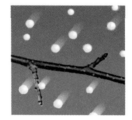

1 **A** Quels souvenirs cela te rappelle-t-il ?

_____

B Qu'y a-t-il de semblable dans ces situations de la vie courante ?

_____

_____

C Quels mots te viennent à l'idée en observant ces situations ?

_____

_____

Pourquoi la pluie tombe-t-elle ?

2 **A** Explique la façon dont tes camarades et toi allez procéder pour montrer comment se forme la pluie.
(Ta démarche de travail)

B Que feras-tu avec l'éponge ?

_____

C Comment utiliseras-tu le vaporisateur ?

_____

D Que remplace l'éponge dans cette expérience ?

_____

E Que s'est-il produit ?

_____

_____

_____

F Quels liens vois-tu entre l'expérience ci-dessus et la situation suivante ?

_____

_____

_____

Il te faut

■ 1 éponge

■ 1 vaporisateur

■ 1 plateau et de l'eau

3 **A** Observe attentivement l'expérience en laboratoire qui montre comment se forme la pluie.

B Décris ce que tu observes.

_____

_____

C Que sais-tu maintenant au sujet de la pluie qui tombe ?

_____

_____

4 Place les mots suivants au bon endroit dans le texte. Cherche les mots inconnus dans des outils de référence.

• froid	• condensation	• pluie	• nuage	• vapeur

Tes parents te rappellent sans cesse qu'il faut être prudent quand on fait bouillir de l'eau. Ils ont raison, car il s'en échappe de la _____ brûlante. Dès que cette _____ se dégage, il y a ce qu'on appelle de la _____ et cela forme un _____ facilement visible.

La _____ va former des gouttes d'eau qui tomberont exactement comme le fait la _____ .

5 **A** Lis les quatre affirmations suivantes.
Place un X au bon endroit.

	Vrai	Faux
1. L'air se compose de vapeur d'eau invisible.		
2. L'eau ne peut jamais flotter dans l'air car elle est toujours trop lourde.		
3. La vapeur forme de minuscules gouttelettes d'eau lorsqu'elle est chauffée.		
4. Les gouttelettes d'eau deviennent de plus en plus lourdes quand elles se regroupent et tombent en pluie.		

B Choisis une affirmation vraie ou fausse.
Explique ta réponse à tes camarades.

_____

_____

_____

_____

Les météorologistes conviennent que les légères gouttelettes d'eau restent suspendues dans l'air et tournoient dans la plupart des nuages. Lorsqu'elles se heurtent et s'amalgament, elles deviennent plus lourdes et forment de grosses gouttes. C'est à ce moment-là que ces gouttes tombent des nuages sous forme de pluie, de grêle ou de neige.

On ne peut pas parler de pluie sans souligner l'importance du cycle de l'eau. L'air et les nuages sont également présents dans la formation de la pluie.

CENTRUM DE DOCUMENTUM

6 Tous ces mots ont un lien avec la pluie. Certains d'entre eux font partie des précipitations. Relie par une flèche les mots que tu associes aux précipitations.

vapeur d'eau   nuages

gouttes d'eau   précipitations   neige

grêle   soleil

7 **A** Observe les illustrations suivantes pour expliquer comment se forme la pluie.

 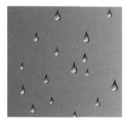  

Les premiers humains ne savaient pas comment expliquer les marées, la pluie, le tonnerre, le vent, etc. Ainsi, pour se rassurer, ils inventaient des légendes avec des dieux. Connais-tu l'histoire d'Ulysse ? Il était roi d'Ithaque en Grèce. Son épouse se nommait Pénélope. Durant son odyssée, Ulysse a affronté le dieu de la mer, Poséidon, et le dieu du vent, Éole. Ce valeureux marin a même subi la foudre et le tonnerre que lui envoyait Zeus, le dieu grec du ciel.

CENTRUM DE DOCUMENTUM

B Reproduis les dessins du numéro 7A dans le bon ordre pour montrer comment se forme la pluie. Écris une courte phrase à côté de chaque dessin.

1

_____
_____
_____
_____

2

_____
_____
_____
_____

3

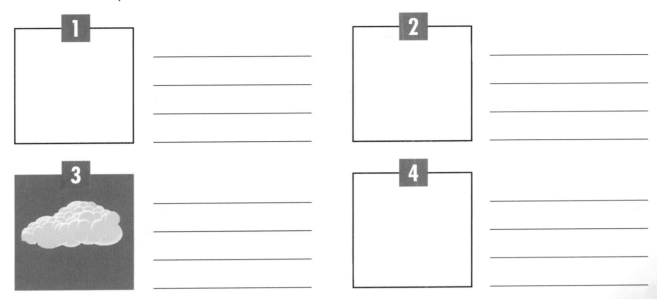

_____
_____
_____
_____

4

_____
_____
_____
_____

8 Place le bon mot à côté de chacune des illustrations.

• pluie   • grêle   • verglas   • neige

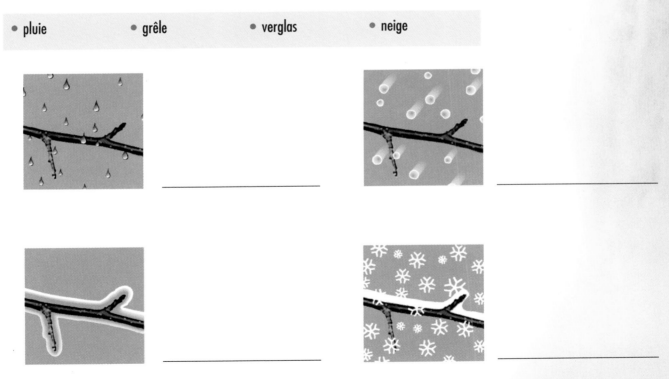

_____

_____

_____

_____

Je note mes découvertes et je laisse mes traces de l'escale 7 à la page 60.

53

Les météorologistes, bien plus que des compteurs d'eau

Je me mets en route

Il y a longtemps, les prévisions météorologiques étaient fondées sur l'observation des changements qui se produisaient dans la nature, comme le comportement animal et les réactions des végétaux. Ainsi, par temps sec, les cônes de pin s'ouvraient pour laisser échapper leur graines et se fermaient lorsqu'il y avait apparence de pluie. Alors qu'aujourd'hui…

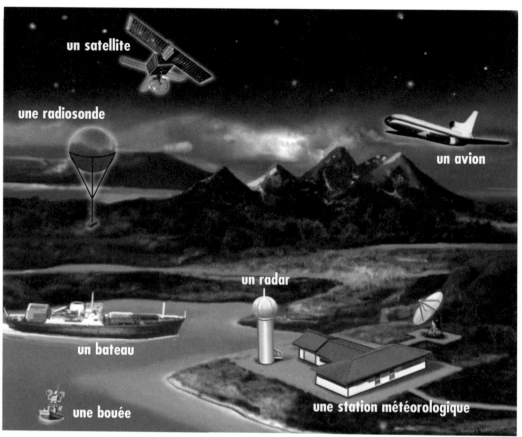

un satellite

une radiosonde

un avion

un radar

un bateau

une bouée

une station météorologique

1 Observe maintenant différents instruments que les météorologistes utilisent pour leur travail. À quoi servent-ils ?

un abri

un thermomètre

un pluviomètre

_____

_____

_____

_____

Une histoire d'eau

« C'est le temps des pommes et je me demande si je vais pouvoir aller en cueillir car il pleut depuis deux jours, confia Marlene à Pavla.

— Je pense que tu le pourras, car aujourd'hui, il a moins plu qu'hier, rétorque Pavla.

— Les météorologistes disent que vendredi, il pleuvra encore moins qu'aujourd'hui, ajoute-t-elle.

— Ils ne peuvent tout de même pas recueillir de l'eau de pluie dans un contenant », se moque Marlene.

2 **A** Complète l'histoire en ajoutant une phrase.

____

____

B Compare ta suite de l'histoire avec celles de tes camarades.

Comment fait-on pour calculer la quantité de pluie qui tombe ?

____

____

____

MUSEUM DE SCIENTIFICUS

Qui a été le premier météorologiste ? On ne peut pas vraiment le dire. On sait que Aristote, philosophe grec, a écrit un traité intitulé *Les Météorologiques* 350 ans avant Jésus-Christ.

3 **A** Savais-tu qu'on peut se servir d'un diagramme à bandes pour présenter des mesures de pluie ou de neige?
Observe celui-ci où on a noté des relevés de précipitations de pluie pendant une semaine.

B Complète le diagramme à bandes.

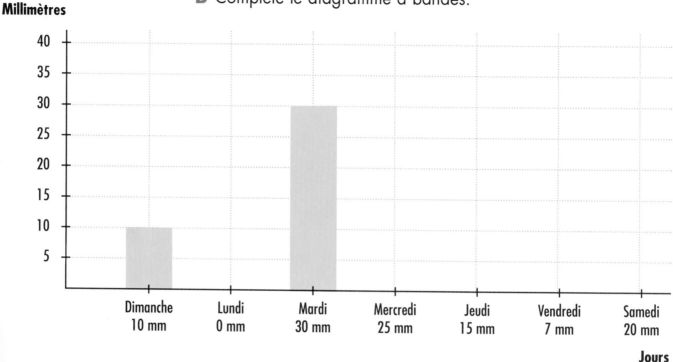

Millimètres

Jours

| Dimanche 10 mm | Lundi 0 mm | Mardi 30 mm | Mercredi 25 mm | Jeudi 15 mm | Vendredi 7 mm | Samedi 20 mm |

C Quel jour de la semaine a-t-il plu le moins?

_____

Rappelle-toi que tu ne dois jamais manger de neige. Cela t'évitera de graves maux de ventre.

D Combien y a-t-il eu de jours sans pluie?

_____

E Quelle journée occupe le deuxième rang pour l'abondance des précipitations?

_____

CENTRUM DE DOCUMENTUM

F Quelles journées ont reçu des précipitations supérieures à 15 millimètres?

_____

56

4 Construis toi-même un pluviomètre.

A Observe les étapes qui illustrent comment construire ton pluviomètre.

B Pourquoi places-tu le haut de la bouteille comme un entonnoir?

_____

_____

C Si tu as modifié ton pluviomètre, indique ce que tu as fait.

_____

D Où placeras-tu ton pluviomètre?

_____

5 Complète le texte ci-dessous d'un météorologiste de l'institut de recherche.

Savais-tu que les météorologistes mesurent la pluie en millimètres et la neige en centimètres? Chaque fois qu'ils recueillent 1cm de neige, cela équivaut à 1 mm de pluie. C'est donc dire qu'un millimètre (mm) est _____ fois plus petit qu'un _____. Alors, on peut affirmer que la neige occupe _____ fois plus d'espace que la pluie.

6 **A** Mesure les précipitations à l'aide du pluviomètre que tu as fabriqué. Sinon, prends en note les quantités rapportées dans le bulletin météo à la radio ou à la télévision, dans les journaux ou dans Internet. Au besoin, utilise les données fournies par ton enseignante ou ton enseignant.

B Complète le diagramme en inscrivant tes résultats.

Millimètres

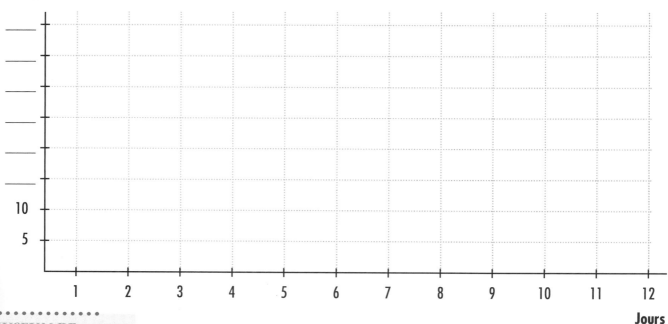

Jours

Voici un
ancien pluviomètre
(1890 – 1913).

C Y a-t-il quelque chose qui a influencé la quantité d'eau que tu as recueillie chaque jour ?

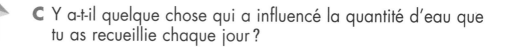

_____

_____

D Communique tes explications à tes camarades.

_____

_____

E Leurs résultats sont-ils semblables ou différents ? Qu'est-ce qui peut expliquer cette constatation ?

_____

_____

7 Voici une carte qui indique des mesures de précipitations enregistrées pendant une année sur différents continents.

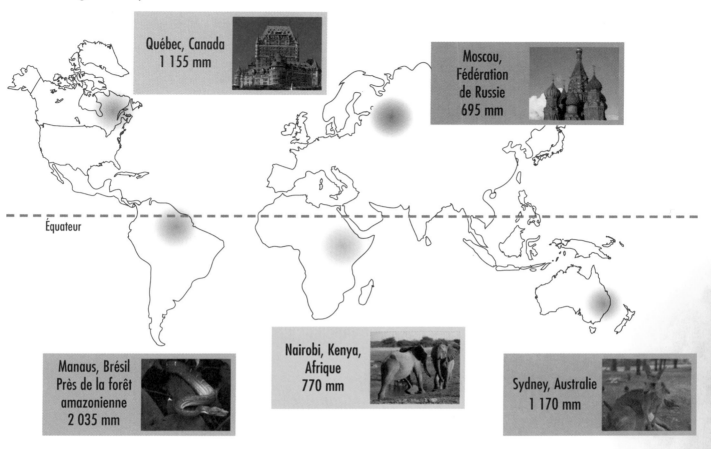

Québec, Canada
1 155 mm

Moscou, Fédération de Russie
695 mm

Équateur

Manaus, Brésil
Près de la forêt amazonienne
2 035 mm

Nairobi, Kenya, Afrique
770 mm

Sydney, Australie
1 170 mm

A À quel endroit les précipitations ont-elles été les plus abondantes?

_____

B Selon toi, quels facteurs peuvent faire varier les précipitations d'un endroit à un autre?

_____

_____

_____

Es-tu devenu un compteur d'eau?

Oui ☐

Non ☐

Je note mes découvertes et je laisse mes traces de l'escale 8 à la page 60.

Le calepin du scientifique

Je comprends et je retiens :

Escale **5** **Les trois visages de l'eau**

_____

_____

_____

Escale **6** **L'eau, une grande voyageuse**

_____

_____

_____

Escale **7** **La pluie, mystère ou gouttelettes d'eau**

_____

_____

_____

Escale **8** **Les météorologistes, bien plus que des compteurs d'eau**

_____

_____

_____

J'aimerais savoir :

_____

_____

J'aimerais connaître et je voudrais expérimenter :

_____

_____

Le rapport du scientifique

1. Complète le texte.

Une source de _____ peut transformer l'eau à l'état

_____ en un liquide. Cette source peut faire passer

un liquide en un _____. Le froid permet de rendre solide

un _____. Le froid permet aussi de transformer un gaz

en un _____.

2. Place le bon numéro à l'endroit approprié. Indique le sens des flèches dans l'illustration du cycle de l'eau.

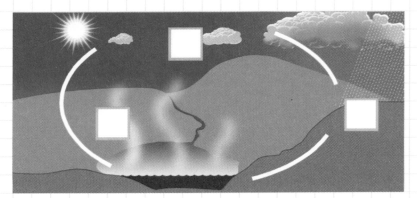

1. évaporation
2. condensation
3. précipitation

3. Durant les mois de septembre, novembre et décembre, il est tombé respectivement 5, 15 et 10 mm de pluie sur le continent. Construis un diagramme à bandes pour illustrer ces précipitations. Écris les données dans ce diagramme.

Le projet de recherche

1. Trouve différentes illustrations de l'eau dans des revues, des circulaires, dans Internet, etc. Dessine-les au besoin.

2. Consulte diverses sources de référence.

3. Choisis une façon de les classer.

4. Procure-toi un grand carton où tu pourras les coller.

5. Place ta grande affiche sur le mur de ta classe ou ailleurs dans ton école.

6. Demande à tes camarades de découvrir comment tu as classifié tes données.

7. Échange tes données avec d'autres personnes.

8. N'hésite pas à apporter des corrections à ton affiche au besoin.

Réflexion ✚

- Pourquoi dit-on que l'eau est source de pleurs ?

- Pourquoi les précipitations ne sont-elles pas les mêmes dans les différentes parties du monde ?

- Comment se fait-il que la salle de bains soit l'endroit où il se gaspille le plus d'eau dans les maisons du Québec ?

- Quels dommages les pluies acides causent-elles à l'environnement ?

La construction,
une histoire de plans et de matériaux

Les formes voûtées et les formes rectangulaires, force et solidité

Je me mets en route

La plupart des constructions sur la Terre sont le résultat de calculs, de plans, d'essais et de persévérance. Tous les scientifiques en herbe doivent concevoir des plans, et des formes et connaître divers matériaux avant de construire. Les ingénieurs choisissent les matériaux et dessinent les plans en fonction de la structure qu'ils ont à construire.

1 **A** Pourquoi utilise-t-on des matériaux différents pour construire des bâtiments?

_____

_____

B Les structures ci-dessus peuvent-elles soutenir des charges identiques? Comment peut-on le savoir?

Est-ce qu'une structure en forme de voûte peut soutenir une charge plus lourde qu'une structure de forme rectangulaire ?

2 **A** Mon hypothèse :

_____

B Un exemple dans mon environnement :

_____

3 **A** Observe ces illustrations pour élaborer ton expérience.

B Suis les instructions pour réaliser l'expérience.
Complète le tableau avant de passer à la page suivante.

> Pour obtenir des résultats valables, tu dois tenir compte de certaines **variables** (choses). Tu ne peux changer qu'une seule chose à la fois.

Variables	Varie	Ne varie pas
• la dimension et le type de carton utilisé		
• la quantité de livres et la distance entre eux		
• la position des pièces de 1 cent dans le contenant		
• le verre (forme, grandeur, etc.)		
• la façon dont les cartons sont pliés		

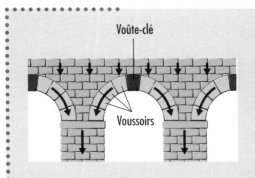

Voûte-clé

Voussoirs

Il y a très longtemps, les Romains construisaient des arches (des voûtes en forme d'arc) pour franchir les fleuves et les ravins. Pour construire la voûte, ils bâtissaient un cadre en bois semi-circulaire (le cintre) dans lequel ils plaçaient une à une des pierres (les voussoirs) selon un certain ordre. Quand ils avaient placé la dernière pierre au sommet (la voûte-clé), ils enlevaient le cadre en bois. Alors, la voûte en pierres se tenait debout.

CENTRUM DE DOCUMENTUM

Pour la forme rectangulaire

C Plie un carton en trois parties sur le sens de la longueur. Tu obtiendras trois parties du rectangle. La partie centrale doit mesurer 12 cm. Stabilise les côtés au moyen de gros livres.

Pour la forme voûtée

D Place un carton dans le sens de la longueur entre les deux livres.

E Place un verre sur une des formes. Déposes-y une à une des pièces de 1 cent. Recommence avec l'autre forme.

LABORATORIUM DE EXPERIMENTIA

Plus on éloigne la distance entre deux objets identiques, moins forte est la forme rectangulaire pour supporter des charges.

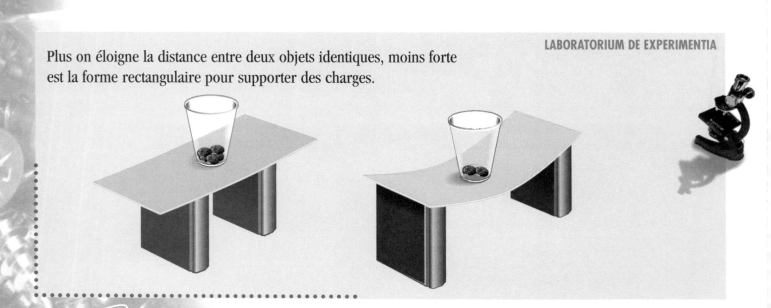

Pour les deux formes

F Combien de pièces de 1 cent chaque forme peut-elle soutenir avant de s'effondrer ? Fais deux essais.

Essai	Nombre maximal de pièces	
	Forme ⌒	Forme ⊔
1		
2		

G Quelle forme soutient le plus de pièces ?

_____

H À ton avis, est-il important de remplacer le carton entre chaque essai ? Explique ta réponse.

_____

I As-tu changé de carton entre chaque essai ? _____

J Quelles sont tes conclusions après ces deux essais ?

_____

_____

_____

Longtemps après les Romains, Léonard de Vinci et Galilée ont élaboré des théories sur les structures des ponts en arc. Ces théories ont servi à l'architecte Antonio Da Ponte. Il a construit, en 1588, le pont du Rialto à Venise, en Italie. On y trouve un arc bas moins prononcé que celui du pont à voûte.

Le pont en arc

De nos jours, ces ponts ne sont plus bâtis en pierres mais en **acier** ou en **béton renforcé**. On utilise des blocs de béton vides au lieu des pierres. L'ajout d'une voûte rend le pont plus fort. Le pont répartit les charges vers le bas et vers l'extérieur de la voûte. Si on augmente le nombre d'arches, la **force** est encore mieux distribuée sur les voûtes. On utilise parfois le mot « arche » plutôt que « voûte ».

CENTRUM DE DOCUMENTUM

67

4 **A** Pour réaliser une expérience la plus exacte possible dans cette escale, les pièces de monnaie doivent-elles être identiques ou différentes? _____

B Pourquoi la dimension et le type de carton doivent-ils être identiques quand on veut réaliser une expérience la plus exacte possible?

_____

_____

5 Sers-toi de tes connaissances pour répondre aux questions suivantes. Fais les expériences au besoin.

Avec une forme rectangulaire

A Que se passe-t-il avec cette forme quand on éloigne les livres?

_____

B Peut-on ajouter des pièces si on augmente la distance entre les livres? De 15 cm? De 30 cm?

_____

C Si on diminue la distance entre les livres, combien de pièces peut-on ajouter avant que la forme ne s'écroule?

_____

LABORATORIUM DE EXPERIMENTIA

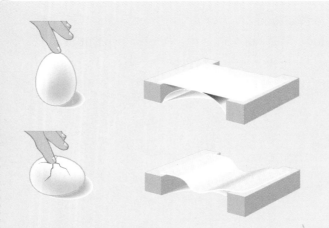

Lorsqu'on ajoute une forme voûtée sous une surface plane, celle-ci n'a plus tendance à s'affaisser lorsqu'on y dépose un poids. Cette forme offre donc une meilleure résistance que celle sans support. Le même principe s'applique à l'œuf. Il possède une courbure et ses extrémités sont plus solides que ses côtés.

Avec une forme voûtée

D Combien de pièces peut supporter la forme voûtée si la distance entre les livres est de 20 cm ? _____

E Si la distance entre les livres est de 20 cm, la forme voûtée supporte-t-elle plus ou moins de pièces que la forme rectangulaire ?

_____

F Compare une forme voûtée à une forme rectangulaire. Complète le tableau ci-dessous.

Essai	Distance entre les livres	Nombre maximal de pièces	
		Forme ⌒	Forme ⊓
1	15 cm		
2	20 cm		
3	25 cm		
4	30 cm		

_____

_____

_____

En observant la structure de ces arches romaines, on constate qu'il y a plus d'une arche pour soutenir la lourde charge. Cela permet de mieux répartir la force sur l'ensemble des arches.

CENTRUM DE DOCUMENTUM

Je note mes découvertes et je laisse mes traces de l'escale 9 à la page 88.

69

Les piliers, des appuis solides

Je me mets en route

Dans la langue populaire, il arrive que l'on parle d'une personne et qu'on dise qu'elle est un pilier. Cela signifie qu'on lui fait confiance et qu'on peut compter sur elle. Cette personne est un soutien, un appui. C'est la même chose pour le pilier et la colonne. Ce sont des appuis capables de soutenir de lourdes charges.

1

2

3

4

1 **A** Qu'est-ce que ces constructions ont en commun ?

_____

_____

B Nomme trois constructions que tu connais sur lesquelles on trouve des piliers ou des colonnes comme supports.

_____

_____

Un grand pilier soutient-il une charge plus lourde que quatre petits piliers identiques?

2 Je pense que _____ parce que _____

_____

Variable qui change
• la forme du pilier à construire

3 **A** Fabrique d'abord un gros pilier. Ensuite, construis quatre piliers identiques selon le modèle illustré. Pour les quatre petits piliers, coupe le carton en quatre parties égales.

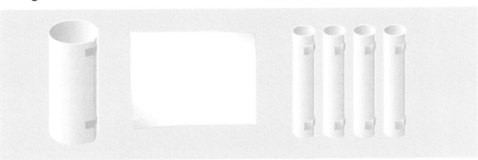

B Tes quatre petits piliers sont-ils identiques? _____

C Prouve-le en décrivant ce que tu as fait.

_____

_____

Il te faut

- des ciseaux
- du ruban adhésif
- 1 manche de balai pour enrouler le carton
- 2 feuilles de papier ou 2 cartons de type Mayfair ou Bristol de 21,5 cm x 28 cm
- des objets identiques à déposer sur les piliers (cahier, carton, etc.)

Pour forer un puits de pétrole au fond de l'océan, on remorque des équipements particuliers en haute mer et on les assemble sur une vaste plate-forme. Cette imposante structure d'acier s'appuie sur de nombreux piliers très solides.

CENTRUM DE DOCUMENTUM

71

Sur le sismographe, instrument de mesure qui enregistre les mouvements d'une région de l'écorce terrestre, on peut voir le pilier vertical qui sert de support. Dans la construction de ponts suspendus, les longs câbles d'acier tendus d'une rive à l'autre prennent appui sur deux pylônes, les piliers. Parfois, on utilise « pylône » ou « poteau de bois » pour remplacer le mot « pilier ».

Un sismographe

CENTRUM DE DOCUMENTUM

D Comment dois-tu placer tes quatre piliers pour qu'ils soient capables de soutenir des objets ? Illustre-le.

E Si tu places tes piliers différemment, obtiens-tu le même résultat ? _____ Illustre ce que tu as fait.

F Où dois-tu placer ton gros pilier pour soutenir la plus lourde charge possible ?

_____

G Quel modèle est le plus fort ?

☐ un gros pilier ☐ quatre petits piliers identiques

Les temples grecs ont été construits selon trois principaux styles (ordres) d'architecture. Dans les trois cas, les piliers étaient cylindriques.

Le style dorique

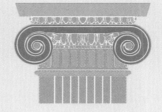

Le style ionique

Le style corinthien

CENTRUM DE DOCUMENTUM

H Complète le tableau des quatre variables de l'expérience qui doivent rester les mêmes.

Variables qui ne changent pas
• la quantité de papier utilisée pour fabriquer les piliers
• le cahier ou le carton placé sur les piliers
• _____
• _____

Pour construire diverses structures, il est préférable d'utiliser plusieurs piliers. Dans ce cas, la charge se distribue sur une plus grande surface. Ainsi, la structure est plus stable qu'avec un seul pilier.

CENTRUM DE DOCUMENTUM

4 Nomme trois éléments dans l'environnement dont la forme ressemble à un pilier cylindrique.

- _____
- _____
- _____

Voici un exemple.

Un pilier triangulaire peut-il soutenir des charges plus lourdes qu'un pilier cylindrique ou qu'un pilier rectangulaire?

5 A Observe les dessins suivants. Utilise des objets identiques. Ils serviront de charge. Élabore une expérience. Note ensuite tes résultats.

B Décris les étapes de ta démarche. _____

_____

_____

_____

C Indique la variable qui peut changer. _____

D Complète le tableau ci-dessous.

Essai	Nombre maximal d'objets identiques		
	Pilier	Pilier	Pilier
1			
2			
3			

E Pourquoi doit-on utiliser le même type de carton pour faire l'expérience avec les trois types de piliers?

_____

_____

F Où se trouve le point faible du pilier rectangulaire ? Refais l'expérience pour valider ta réponse.

_____

G Est-ce la forme du pilier ou le papier utilisé qui lui permet de supporter une plus grande charge ?

_____

H Quel pilier peut soutenir la plus lourde charge ?

_____

I Utilise un des mots suivants pour compléter la phrase.

• inégale	• égale

Lorsqu'on place une charge sur un pilier cylindrique, la force de cette charge se répartit de façon _____ sur toute la surface de ce pilier.

Des piliers de soutien et des pieux

Le pilier cylindrique est le seul pilier à ne pas avoir de coins. Si on y dépose une charge, celle-ci se répartit uniformément. Ce pilier n'a pas de point faible. Il ne se déforme pas. Il est souvent utilisé pour ériger des bâtiments. Lorsque ces piliers sont enterrés profondément dans le sol, ils servent de soutien à des structures comme des vérandas, par exemple. On les appelle alors des pieux.

CENTRUM DE DOCUMENTUM

Je note mes découvertes et je laisse mes traces de l'escale 10 à la page 88.

Les poutres, de l'accordéon au caisson

La construction de planchers requiert des poutres et des poutrelles. Elles empêchent l'édifice de s'écrouler. Il suffit de penser aux immenses gratte-ciel. Sans ces supports, il serait impossible de marcher au 89e étage sans tomber à l'étage inférieur ni même jusqu'au hall d'entrée.

1 **A** À quoi te fait penser cette illustration ?

B La structure de l'immeuble te semble-t-elle solide ? _____

C Pourquoi ? _____

_____

D Pourquoi la communication et la collaboration entre tous les travailleurs sont-elles primordiales sur ce chantier ?

_____

_____

Les différentes formes de poutre sont-elles aussi solides les unes que les autres ?

2 Je pense que _____ parce que _____ .

3 Quelle poutre te semble la plus solide ?

_____

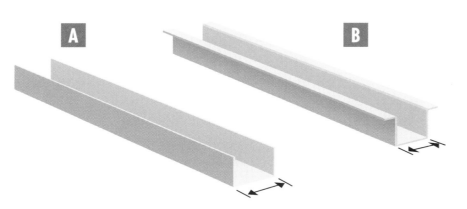

4 **A** Pour réaliser une expérience valable, construit tes poutres comme celles illustrées ci-dessus. Réfléchis à ta façon de faire. Identifie tes poutres à l'aide des lettres A et B.

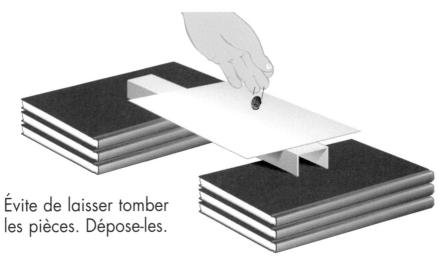

Évite de laisser tomber les pièces. Dépose-les.

B As-tu éprouvé une difficulté à construire tes poutres ? Laquelle ? Comment as-tu remédié à cette difficulté ?

Exemple de difficulté et solution apportée :

_____

_____

Le poids

Une astronaute pesant 72 kg sur la Terre pèse environ 12 kg sur la Lune, soit approximativement six fois moins. Cela dépend de la **force de gravité** (attraction terrestre) qui varie selon l'endroit où se trouve l'astronaute.

La masse

Peu importe où cette astronaute se trouve dans l'espace, la quantité de **matière** qui la compose demeure la même. Dans notre pays, on mesure souvent la masse en kilogrammes (kg) et en grammes (g).

C Coche les variables qui ne devaient pas changer dans cette expérience.

☐ la position des pièces sur la poutre

☐ le type de papier

☐ la taille du papier

☐ la façon dont les poutres en papier sont pliées

☐ la distance entre les livres

D Note tes observations et celles d'un ou d'une camarade dans les tableaux suivants.

Mes observations :

Essai	Nombre maximal de pièces	
	Poutre A	Poutre B
1		
2		

Les observations de : _____

Essai	Nombre maximal de pièces	
	Poutre A	Poutre B
1		
2		

E Quelle poutre soutient la plus grosse charge?

_____

F Laquelle est la moins solide? _____ Pourquoi?

_____

_____

G Que sais-tu maintenant sur la force des poutres?

_____

_____

Dans la construction, on utilise souvent des poutrelles transversales pour assurer la solidité d'une plate-forme.

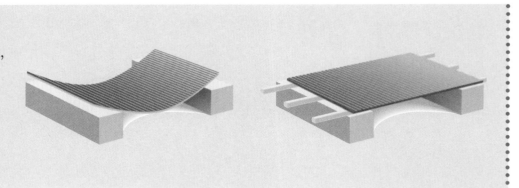

5 Compare la force de poutres de même forme mais de surfaces différentes.

A Construis chaque poutre en papier pour obtenir trois côtés.

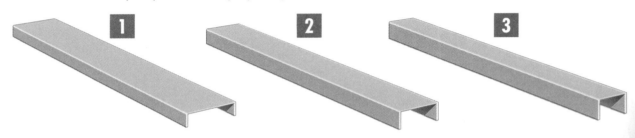

1 **2** **3**

B Note tes observations dans le tableau ci-dessous.

Essai	Largeur de la surface	Nombre maximal de pièces		
		Poutre 1	Poutre 2	Poutre 3
1				
2				
3				

C Sur quelle poutre peut-on déposer le plus de pièces ? Quelle est la largeur de sa surface ?

_____

D Que se passe-t-il lorsqu'on agrandit la surface de la poutre en papier ? _____

E Où dois-tu placer les pièces pour que ton expérience soit la plus exacte possible ?

_____

Dans différentes compétitions sportives, les athlètes démontrent leur talent en effectuant des exercices d'équilibre sur la poutre.

CENTRUM DE DOCUMENTUM

6 **A** Fabrique trois poutres et identifie-les.

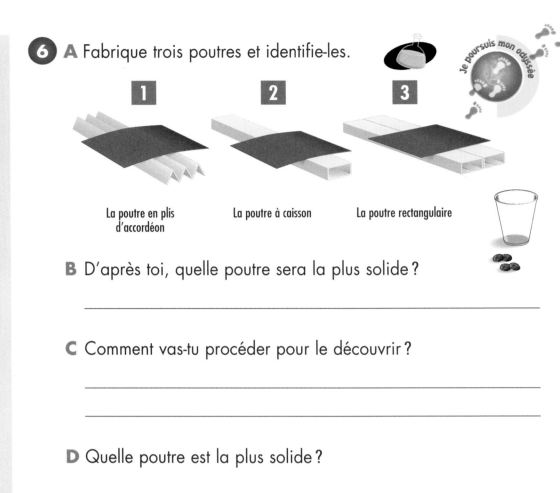

Je poursuis mon odyssée

| **1** | **2** | **3** |

La poutre en plis d'accordéon   La poutre à caisson   La poutre rectangulaire

B D'après toi, quelle poutre sera la plus solide ?

_____

C Comment vas-tu procéder pour le découvrir ?

_____

_____

D Quelle poutre est la plus solide ?

_____

7 Invente une poutre qui sera plus forte que toutes celles que tu as expérimentées.

A Quelles caractéristiques doit posséder ta poutre ?

_____

B Dessine ta poutre et mets-la à l'essai.

80

C Compare les caractéristiques de ta poutre avec celles de tes camarades.

_____

D S'il y a lieu, apporte une ou des modifications à ton plan.

_____

E Ta poutre est-elle plus solide que celles des autres élèves ?

_____

F Combien d'objets identiques supporte-t-elle ?

_____

8 Coche les énoncés qui sont vrais.

☐ La forme du matériau utilisé influence la solidité de la poutre.

☐ La forme d'une poutre est toujours rectangulaire.

☐ Pour deux poutres rectangulaires de même forme, la plus solide est celle dont la surface est la plus grande.

☐ Une poutre de forme rectangulaire en carton est toujours plus solide qu'une poutre rectangulaire en feuille de papier.

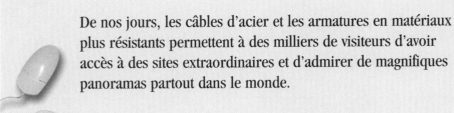

De nos jours, les câbles d'acier et les armatures en matériaux plus résistants permettent à des milliers de visiteurs d'avoir accès à des sites extraordinaires et d'admirer de magnifiques panoramas partout dans le monde.

CENTRUM DE DOCUMENTUM

Je note mes découvertes et je laisse mes traces de l'escale 11 à la page 88.

81

Les pièces d'assemblage, fiabilité, solidité et stabilité

Je me mets en route

Autrefois, on utilisait la boue comme pièce d'assemblage pour la construction de maisons. C'est encore le cas dans certains pays comme le Mexique. Le progrès de la science et de la technologie a permis de développer de nouvelles pièces d'assemblage. Ces pièces assurent fiabilité et solidité aux différentes constructions. Il suffit de penser aux boulons, aux écrous et aux vis en vente dans les quincailleries.

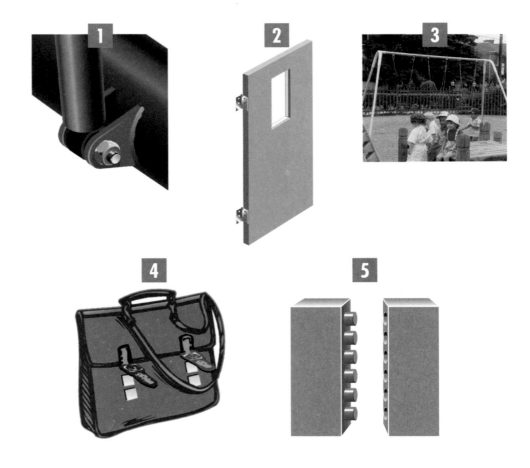

1 **A** Que sais-tu de ces pièces d'assemblage ?

B Quelles pièces d'assemblage as-tu déjà utilisées pour réaliser des constructions ?

_____

_____

C Connais-tu d'autres matériaux qui permettent de solidifier des constructions ? Lesquels ? Où les as-tu vus ?

_____

_____

Des objets assemblés à l'aide de différentes fixations soutiendront-ils des charges égales ?

2 Je pense que _____ parce que _____ .

3 **A** Construis trois cubes. Utilise des cure-dents et trois matériaux différents.

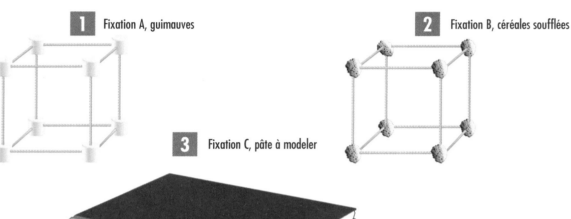

1 Fixation A, guimauves

2 Fixation B, céréales soufflées

3 Fixation C, pâte à modeler

Variable qui change
• le type de fixation
Variables qui ne changent pas
• la taille et le nombre de cure-dents utilisés
• les objets placés sur le carton
•

B À quoi dois-tu faire attention en plaçant les fixations ?

_____

C Place les objets identiques, un à un, sur le carton.

D Quels objets as-tu choisis ?

_____

Des ustensiles en acier inoxydable
(mélange d'acier, de chrome et de nickel)

Un écrou en laiton (alliage de cuivre et de zinc)

Les fixations en vente dans les quincailleries proviennent souvent de la transformation de matériaux. Les **métaux** servent de matière première principale. On les chauffe pour les faire fondre et pour pouvoir les mélanger. Le mélange de métaux est appelé un alliage. Ce nouveau métal offre des propriétés plus intéressantes que les métaux utilisés séparément. Il est souvent plus dur et plus résistant à l'usure et ne rouille pas. Tous les jours, plusieurs personnes utilisent des objets fabriqués à partir d'alliages.

E Dès que ta structure est incapable d'en soutenir plus, note tes résultats dans le tableau suivant.

Essai	Nombre maximal d'objets		
	Fixation A	Fixation B	Fixation C
1			
2			
3			

F Que peux-tu conclure maintenant ?

_____

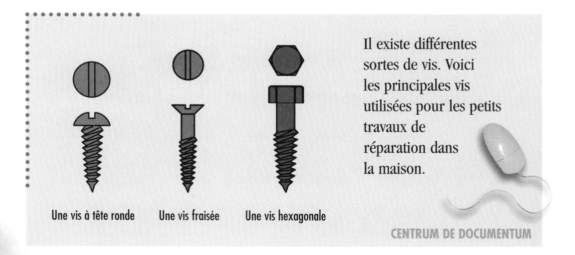

Il existe différentes sortes de vis. Voici les principales vis utilisées pour les petits travaux de réparation dans la maison.

Une vis à tête ronde   Une vis fraisée   Une vis hexagonale

CENTRUM DE DOCUMENTUM

84

4 Recommence l'expérience en utilisant des pailles à la place des cure-dents.

A Observe les illustrations qui te renseignent sur la façon d'assembler les fixations aux pailles.

Il te faut

- des pailles coupées en deux, de 6 mm de diamètre
- de la pâte à modeler
- des trombones
- des cure-pipes de 12 mm de longueur
- des objets identiques
- des ciseaux

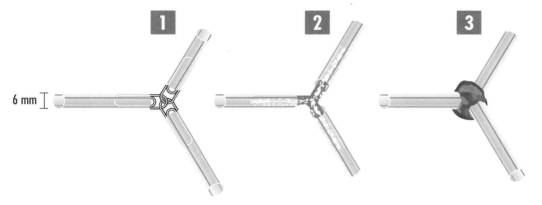

6 mm

B À quoi dois-tu faire attention en construisant tes solides ?

_____

_____

C Indique le nombre maximal d'objets identiques que peut supporter chaque solide.

D Si tu utilisais des cure-pipes deux fois plus longs, que se passerait-il ?

_____

_____

Le choix du matériel d'assemblage utilisé dépend souvent de la sorte de structure. Pour choisir les meilleures fixations pour chaque matériau, les ingénieurs doivent tenir compte de certains facteurs :

- les conditions climatiques (vent, neige)
- la masse que doit supporter la structure (neige)
- le degré de déplacement que subira la structure
- la force et la **flexibilité** des joints.

CENTRUM DE DOCUMENTUM

85

Je poursuis mon odyssée

Les ébénistes et les artisans réparent souvent des meubles à l'aide d'une colle à bois très forte. Ils appliquent également des serres le temps de permettre à la colle de faire son travail. La température trop sèche dans une maison peut faire craquer la colle après plusieurs années. Il faut alors reprendre le travail.

CENTRUM DE DOCUMENTUM

5 Fais appel à ta mémoire et à tes connaissances. Trouve des fixations dans ton environnement. Nomme-les et dessine-les.

À la maison :	À l'école :

6 Construis ta propre expérience. Bâtis une structure et utilise une sorte de fixation de ton choix.

A Nomme-la et illustre-la.

Ta question : _____

Ta prédiction : _____

B Explique les résultats obtenus. _____

_____

7 À quoi servent les fixations dans la construction de bâtiments ?

_____

_____

8 **A** Quelle est la meilleure fixation que tu connaisses?

_____

B Explique ta réponse.

_____

9 **A** Coche les énoncés qui sont faux.

☐ Les ingénieurs choisissent une fixation en fonction de la charge que la structure doit soutenir.

☐ Toutes les fixations ont toutes la même force.

☐ La force des fixations varie selon le matériel dont elles sont faites.

☐ Les ingénieurs utilisent uniquement des fixations en métal pour construire des objets.

B Choisis un énoncé et explique pourquoi il est faux.

_____

_____

De nos jours, les fabricants de bicyclettes se servent de matériaux plus légers que leurs prédécesseurs du milieu du siècle dernier. Ils utilisent des alliages de très bonne qualité et très résistants aux chocs. Ces bicyclettes sont très légères, donc plus faciles à placer sur les supports fixés aux autos.

Une bicyclette ancienne

Une bicyclette moderne

CENTRUM DE DOCUMENTUM

Je note mes découvertes et je laisse mes traces de l'escale 12 à la page 88.

87

Le calepin du scientifique

Je comprends et je retiens :

Escale **9** **Les formes voûtées et les formes rectangulaires, force et solidité**

_____
_____
_____

Escale **10** **Les piliers, des appuis solides**

_____
_____
_____

Escale **11** **Les poutres, de l'accordéon au caisson**

_____
_____
_____

Escale **12** **Les pièces d'assemblage, fiabilité, solidité et stabilité**

_____
_____
_____

J'aimerais savoir :

_____
_____

J'aimerais connaître et je voudrais expérimenter :

_____
_____

Le rapport du scientifique

1. Indique par des flèches comment se répartit la charge sur une forme voûtée.

2. Pourquoi place-t-on habituellement les piliers de soutien d'une table rectangulaire dans les coins ?

_____

3. Illustre comment tu renforcerais cette surface.

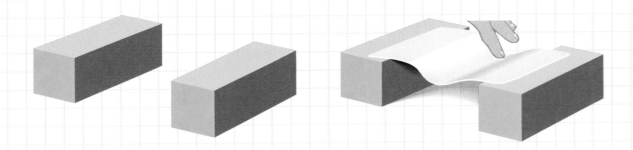

4. Prépare ta propre expérience sur les plans et les matériaux. Fais-en la démonstration à tes camarades.

A Titre de l'expérience : _____

B La question : _____

C Une hypothèse : _____

D Le matériel nécessaire : _____

E Les consignes à suivre : _____

_____

Le projet de recherche

1. Construis un pont de ton choix : à poutre, en arc, etc. Il doit pouvoir soutenir une charge.

2. Consulte les escales 9 à 12 au besoin.

3. Choisis des matériaux faciles à assembler pour la construction.

4. Utilise divers objets recyclés.

5. Tiens compte de la force et de la stabilité des matériaux et des fixations pour réaliser ton défi.

6. Dessine le modèle final de ton pont dans l'encadré suivant.

7. Expose ta construction et explique-la à tes camarades.

Réflexion +

- Dans quelles situations utilise-t-on des pièces d'assemblage ?

- Que fait un ingénieur ou une ingénieure pendant la journée ?

- Pourquoi certaines constructions sont-elles une menace pour l'environnement ?

- Quelles sont les différentes sortes de pont ?

Les végétaux, au cœur de leur milieu

Des végétaux assoiffés

Les végétaux ont besoin d'air, d'eau, de lumière, de sels minéraux et d'un minimum de chaleur pour vivre. Les arbres, les mousses, les lichens, les algues, les champignons, les fougères et les plantes à fleurs ornementales de ton quartier varient en taille et en couleur. La plupart des êtres vivants dépendent des végétaux pour vivre, car ils fournissent de l'oxygène. De plus, les humains s'en servent pour se nourrir et se soigner.

1 **A** Pourquoi ces êtres vivants ont-ils besoin d'eau ?

B Comment se la procurent-ils ?

2 Quand et pourquoi consommes-tu de l'eau ?

Peut-on modifier la couleur d'une des parties d'une plante à l'aide de l'eau colorée ?

3 Je pense que _____ parce que _____

_____ .

4 **A** Observe l'illustration suivante qui t'aidera à préparer tes deux prochaines expériences.

B Prépare deux expériences.

5 **A** **Expérience 1 (préparation)**

- Remplis à moitié un contenant d'eau. Ajoute au moins quatre gouttes de colorant rouge. L'eau doit prendre une teinte foncée.

- Coupe 3 cm à la base de la tige de céleri.

- Place-la dans le contenant. Attends au lendemain.

Souvent, pour faire plaisir à un parent ou à une personne que l'on aime, on lui offre des fleurs. Afin d'éviter qu'elles ne commencent à se faner pendant le transport jusqu'à la maison, les fleuristes placent les tiges dans une éprouvette remplie d'eau. La plante peut ensuite survivre pendant quelques jours.

CENTRUM DE DOCUMENTUM

Il te **faut**

- 1 pot ou 1 verre transparent
- des ciseaux
- du colorant alimentaire rouge
- de l'eau
- 1 compte-gouttes
- 1 grosse tige de céleri avec ses feuilles
- 1 loupe au besoin

93

B Expérience 2 (préparation)

- Remplis à moitié d'eau deux contenants. Ajoute au moins quatre gouttes de colorant rouge dans un contenant et quatre gouttes de colorant bleu dans l'autre.

- Fends la tige de céleri en deux à l'aide de tes mains ou sers-toi de ciseaux.

C Expérience 1 (analyse)

- Que s'est-il passé ? Après 1 heure : _____

  Après 12 heures : _____

  Et comment cela s'est-il produit ?_____

- Ta prédiction s'est-elle avérée juste ? _____

- Sors les tiges de l'eau et coupe de nouveau 3 cm à la base de chacune.

- Que remarques-tu à l'intérieur des tiges de céleri ? _____

  _____

- À l'aide de la lame de tes ciseaux, gratte doucement les tiges.

- Décris ce que tu observes et dessine la coupe des tiges de céleri.

	Coupe de la tige de céleri
_____ _____ _____ _____	

D Expérience 2 (analyse)

Lorsque le bleu et le rouge se mélangent, cela donne une couleur différente.

• Les feuilles changeront-elles de couleur ? _____

• Prendront-elles une coloration bleue ? _____

• Prendront-elles une coloration rouge ? _____

• Prendront-elles une autre coloration ? _____
  Si oui, laquelle ? _____

• Est-ce seulement la tige qui sera colorée ? _____

• Par où circulent les liquides dans la tige de céleri ? _____
  _____

• Dessine et colorie l'intérieur d'une tige de céleri.

Habituellement, dans la nature, l'écoulement de l'eau se fait vers le bas. On n'a qu'à penser aux chutes d'eau. Cependant, elle arrive parfois à se déplacer vers le haut grâce à des moyens artificiels comme dans les fontaines.

CENTRUM DE DOCUMENTUM

E Que réponds-tu maintenant à la question de départ
de la page 93 ? _____
_____
_____

Il te faut

- 1 pot ou 1 verre transparent
- des ciseaux
- du colorant alimentaire autre que le rouge
- de l'eau
- 1 compte-gouttes
- 1 grosse carotte avec ses feuilles
- 1 loupe au besoin
- 1 couteau pour la classe (utilisé seulement par une personne adulte)

Comment la carotte boit-elle ?

6 Ma prédiction : _____

La feuille
La tige
La racine
La feuille
La tige

7 **A** Coupe une carotte à 2 cm de sa base.

B Dessine l'intérieur de la carotte et du céleri.

Coupe de la racine de la carotte   Coupe de la tige de céleri

8 **A** Par où circule l'eau dans la carotte ? _____

B Où l'eau est-elle acheminée ? _____

_____

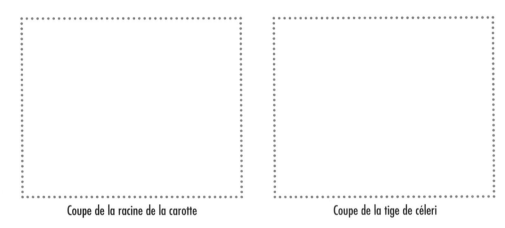

En observant bien attentivement la coupe de la tige d'un céleri, on remarque de petits cercles. En fait, il s'agit de vaisseaux qui sont de fins canaux. Ils servent à alimenter d'autres parties de la plante, comme les feuilles ou les racines. C'est pour cette raison qu'une portion des feuilles s'est colorée en rouge. Dans le cas de la carotte, l'eau est d'abord absorbée par les racines, puis elle est conduite vers les tiges.

CENTRUM DE DOCUMENTUM

96

Les plantes boivent-elles en ton absence ?

9 **A** Insère le morceau de coton plié en deux dans le tube. Dépose une des extrémités du tube dans la bouteille et l'autre extrémité, sur la terre près de la plante.

B Que feras-tu pour empêcher l'évaporation de l'eau ?

_____

C Le coton sera-t-il mouillé d'une extrémité à l'autre après deux jours ? _____ Raconte. _____

_____

10 **A** Si tu as le temps, essaie deux nouvelles expériences.

B Place d'abord la bouteille à la même hauteur que la plante.

C Recommence en la plaçant plus haute que la plante.

D Émets tes hypothèses.

E Observe ce qui se passe et note les informations que tu as recueillies.

F Compare les conclusions de ces trois expériences.

Je note mes découvertes et je laisse mes traces de l'escale 13 à la page 116.

L'arbre sous toutes ses coutures

L'arbre n'est pas très bavard. Pourtant, il n'a pas besoin de parler pour nous raconter sa vie. En l'examinant de près, on peut déterminer quand a eu lieu sa dernière coupe et s'il a grandi au cours de telle ou de telle année. Il est aussi possible de voir comment des maladies ou des conditions météorologiques ont influé sur sa croissance.

1 Quelles caractéristiques physiques peuvent te renseigner sur l'âge approximatif de chacun de ces êtres vivants ?

_____

_____

2 **A** Écris dans le tableau l'âge d'autres êtres vivants que tu connais.

B Indique comment tu sais leur âge.

	Un animal ou une personne	Un végétal
Nom		
Âge		
Moyen utilisé pour le savoir		

Comment peut-on connaître l'âge d'un arbre ?

3 C'est en _____ .

4 Chaque année, l'arbre ajoute un nouvel anneau ou cerne sous son écorce. Ainsi, son tronc grossit au fil du temps.

A Observe la coupe transversale d'un tronc d'arbre.

B Cet arbre semble-t-il plus jeune ou plus vieux que toi ?

_____

C Au premier coup d'œil, quel âge peut avoir cet arbre ?

_____

D Explique comment tu procèdes pour trouver son âge ?

_____

_____

E Quel âge obtiens-tu ? _____

F Pourquoi vos réponses diffèrent-elles ?

99

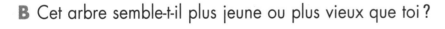

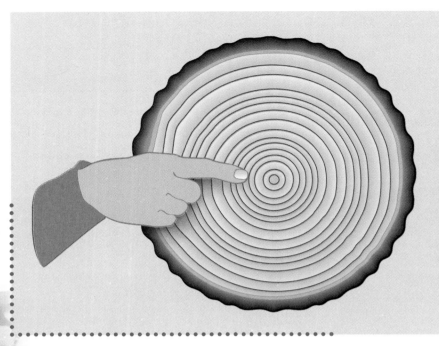

Pour déterminer l'âge d'un arbre coupé, les forestiers comptent ses anneaux de croissance en commençant par le cercle pâle situé au centre du tronc. Ces anneaux sont produits par le cambium, un tissu de cellules végétales qui n'existe que chez l'arbre. Ils ne comptent pas la couche extérieure et souvent brunâtre : c'est l'écorce de l'arbre.

G Inscris maintenant quel est l'âge exact de l'arbre. _____

H Comment as-tu procédé pour le trouver?

_____

_____

I Quels **phénomènes naturels** peuvent expliquer la présence d'espaces de largeur variable entre les anneaux?

_____

Les forestiers peuvent déterminer l'âge exact d'un arbre sans toutefois le couper. Ils utilisent alors un outil appelé sonde de Pressler. Il s'agit d'une mèche creuse qu'ils introduisent jusqu'au centre de l'arbre. Ils en retirent ensuite un petit morceau cylindrique de bois appelé carotte. Puis, ils en comptent les lignes. Cette carotte indique que l'arbre a 15 ans, soit le même âge que l'arbre de la rubrique précédente.

5 **A** Mesure la distance entre le 6e et le 7e anneau de croissance sur chacun des arbres.

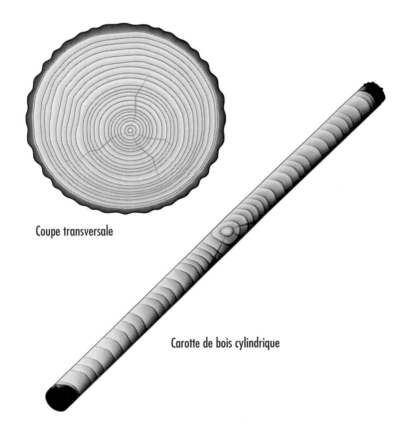

Coupe transversale

Carotte de bois cylindrique

Au printemps, l'arbre croît plus facilement que pendant la saison estivale. Tu peux observer ce phénomène en examinant les anneaux de croissance : ils sont alors mous et pâles.

CENTRUM DE DOCUMENTUM

B S'agit-il du même arbre ? _____

Pourquoi ? _____

_____

Les bûcherons et les bûcheronnes du Québec sont des travailleurs infatigables. Ils se lèvent aux petites heures du matin pour commencer leur besogne. En plus de trimer dur physiquement, ils doivent affronter divers insectes piqueurs, l'humidité et le soleil parfois brûlant.

6 **A** Trouve l'âge de chacun des trois arbres suivants.

B Coche ce dont tu dois tenir compte pour obtenir une réponse la plus exacte possible.

☐ les anneaux pâles seulement

☐ les paires d'anneaux pâles et foncés

☐ les anneaux foncés seulement

_____ ans

_____ ans

_____ ans

7 Classe les arbres du plus vieux au plus jeune.

_____

8 Trouve l'année de naissance du plus vieil arbre. _____

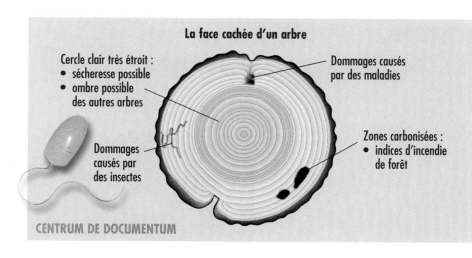

La face cachée d'un arbre

Cercle clair très étroit :
- sécheresse possible
- ombre possible des autres arbres

Dommages causés par des insectes

Dommages causés par des maladies

Zones carbonisées :
- indices d'incendie de forêt

CENTRUM DE DOCUMENTUM

En observant attentivement la coupe d'un tronc d'arbre, il est possible de déterminer non seulement son âge, mais aussi quelle sorte de vie il a vécu. En effet, la largeur d'un anneau de croissance varie selon que la croissance annuelle de l'arbre a été plus ou moins bonne.

9 **A** Dessine un arbre ayant le même âge que toi. Colorie ses anneaux de croissance.

B Illustre une période de sécheresse très intense pendant le printemps et l'été d'une même année.

C Quel âge a l'arbre que tu as dessiné ? _____

10 Doit-on partir du centre ou de l'écorce pour calculer l'âge d'un arbre à partir de ses anneaux ?

_____

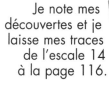

Je note mes découvertes et je laisse mes traces de l'escale 14 à la page 116.

Les plantes, des contorsionnistes en herbe

Parfois, au retour des vacances, les plantes sont penchées vers la fenêtre alors que d'autres sont mortes. Peut-être ont-elles manqué d'eau, de lumière ou de bonne terre. Pour éviter cela, il est toujours préférable de s'assurer avant de partir que la plante aura ce qu'il lui faut pour croître.

1 Décris ce qui attire ton attention dans ces photos.

2 **A** Choisis celle que tu préfères.

B Explique ta raison.

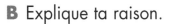

Comment les plantes font-elles pour subvenir à leur besoin de lumière ?

3 Ta suggestion : _____

4 Pour illustrer comment les plantes vont chercher la lumière, tu dois construire un objet technique.

A Observe la boîte à chaussures numéro 2 une fois terminée.

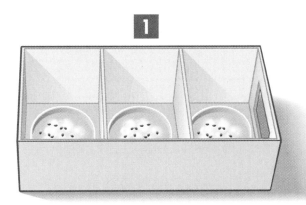

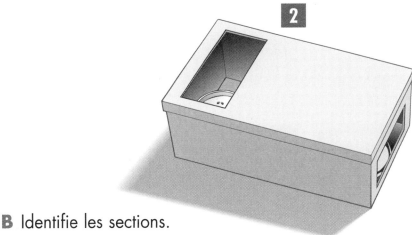

B Identifie les sections.
1. ouverture sur le côté
2. ouverture sur le dessus
3. milieu

C Dépose un couvercle de plastique dans chaque section et garnis-le d'ouate.

D Place quelques graines sur la ouate et humidifie-la.

E N'oublie pas d'humidifier tes graines tous les jours.

F Dépose la boîte près d'une fenêtre, puis ferme le couvercle.

G Observe ce qui se passe pendant quelques jours.

105

La chaleur : un besoin pour plusieurs plantes

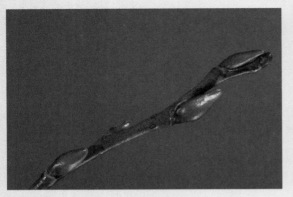

Un rameau non fleuri de saule exposé au froid

Un rameau fleuri de saule après quelques jours à l'intérieur

5 **A** Crois-tu que les graines germeront dans les trois sections ?

_____

B Identifie une raison qui pourrait les empêcher de germer.

_____

6 Observe les graines dans chaque section. Mesure la longueur des pousses. Note tes observations.

Section	Hauteur après chaque jour (mm)									
	1	2	3	4	5	6	7			
1										
2										
3										

7 Que se passe-t-il après quelques jours ?

_____

8 Explique si ta prédiction au numéro 5A est maintenant confirmée ou infirmée.

_____

Avoir sa place au soleil

Dans les forêts tropicales, seuls le sommet et la cime des arbres se **gorgent** de lumière. C'est donc dire que les plantes de sous-bois, qui poussent à l'ombre, attendent leur tour. Elles ne réussissent à se développer que lorsqu'un des ces majestueux arbres meurt.

CENTRUM DE DOCUMENTUM

---

9 Observe le calendrier d'arrosage des plantes de Magalie et de Tran pour une semaine durant le mois de juin. Les zones ombragées correspondent aux jours d'arrosage.

	6	7	8	9	10	11	12	
Magalie	6	7	8	9	10	11	12	Les plantes continuent leur croissance.
Tran	6	7	8	9	10	11	12	Les plantes sont mortes.

Halte! Que fais-tu dans mes plates-bandes ?

La mauvaise herbe n'existe pas. On dit « mauvaise herbe » parce que pour certaines personnes, tout ce qui n'a pas été planté à des fins particulières doit disparaître. On considère souvent comme un **fléau** la présence de plantes peu attrayantes qui poussent rapidement et envahissent un coin du jardin. La tolérance des apprentis-jardiniers envers ces plantes rend le désherbage moins pénible et plus rapide.

CENTRUM DE DOCUMENTUM

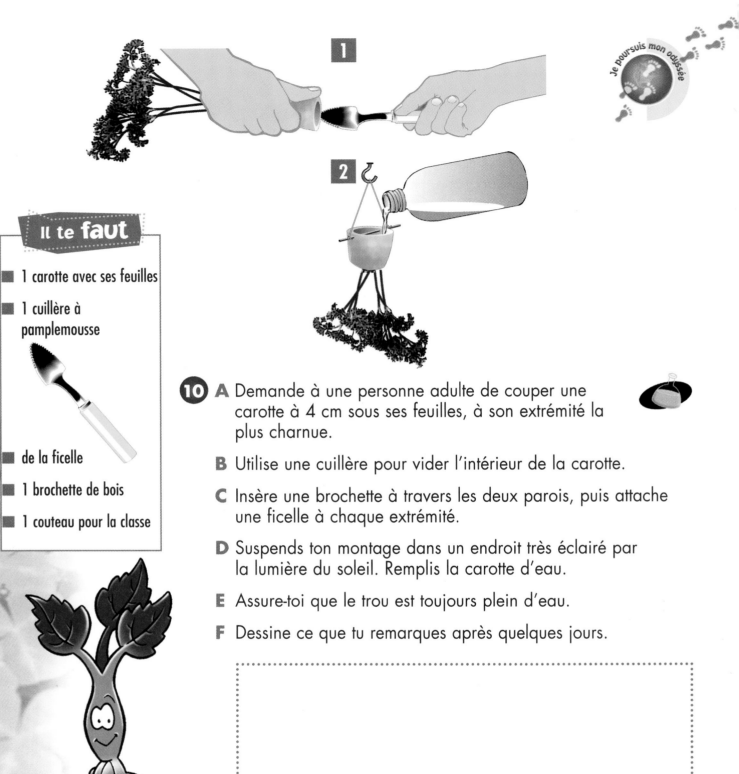

Il te faut

- 1 carotte avec ses feuilles
- 1 cuillère à pamplemousse
- de la ficelle
- 1 brochette de bois
- 1 couteau pour la classe

10

A Demande à une personne adulte de couper une carotte à 4 cm sous ses feuilles, à son extrémité la plus charnue.

B Utilise une cuillère pour vider l'intérieur de la carotte.

C Insère une brochette à travers les deux parois, puis attache une ficelle à chaque extrémité.

D Suspends ton montage dans un endroit très éclairé par la lumière du soleil. Remplis la carotte d'eau.

E Assure-toi que le trou est toujours plein d'eau.

F Dessine ce que tu remarques après quelques jours.

108

11 Sers-toi des illustrations et des mots suivants pour compléter le texte.

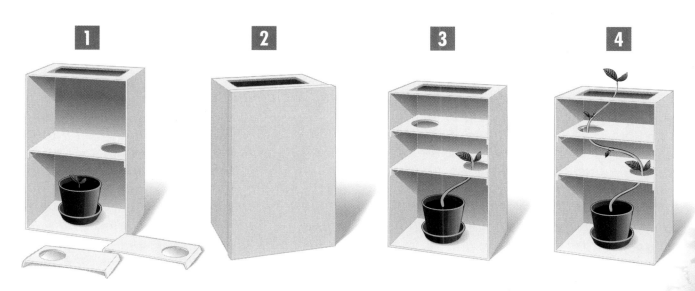

- plante
- droite
- lumière
- gauche
- carton
- ouverture

L'expérience consiste à obliger une pousse de haricot grimpant à trouver son chemin vers la lumière. Ainsi, tu pourras voir si la _____ réussit à franchir des obstacles. Place un _____ dans la boîte 1, et mets son ouverture à _____. Ferme ensuite la boîte, puis dépose-la dans un endroit chaud et exposé à la _____. Dès que la pousse a franchi la première ouverture, ajoute un deuxième carton en plaçant son ouverture du côté opposé à celle du premier carton. La pousse change de direction, et ses feuilles finissent par franchir l'ouverture du haut de la boîte.

Je note mes découvertes et je laisse mes traces de l'escale 15 à la page 116.

La transpiration, bien plus que des odeurs

Je me mets en route

Les plantes ont besoin de certaines conditions pour vivre. Dans l'obscurité, elles meurent. Si elles ne sont pas arrosées artificiellement ou s'il ne pleut pas, elles se dessèchent. Il leur faut aussi un minimum de chaleur. En revanche, certaines d'entre elles ont des **facultés** particulières d'**adaptation** qui leur permettent de vivre dans des conditions de froid ou de chaleur extrêmes.

1

2

3

4

1 Observe ces photos.

A Les êtres humains sont-ils les seuls à transpirer ? _____

B Pourquoi affirmes-tu cela ? _____

_____

C Quelles manifestations de transpiration peux-tu voir dans ces photos ? _____

_____

Les plantes transpirent-elles ? Pourquoi ?

2 Je pense que _____ parce que _____

_____.

3 **A** Assure-toi que le sol de la plante a été bien arrosé.

B Recouvre une feuille saine d'un sac de plastique transparent.

C Ferme-le hermétiquement à l'aide d'une ficelle.

D Dépose ta plante dans un endroit ensoleillé. Tu peux aussi la placer dehors et l'observer pendant 15 à 25 minutes.

E Encercle les conditions qui sont préférables pour réaliser une expérience la plus exacte possible. Puis, explique tes réponses.

- une feuille endommagée ou non endommagée

- un sac perforé ou non perforé

4 Que se passera-t-il ? _____

_____

_____

5 Observe le sac à différents intervalles et note tes observations.

Observations de la plante au soleil	Temps
_____ _____	_____ minutes
_____ _____	_____ heure
_____ _____	1 jour
_____	4 jours

LABORATORIUM DE EXPERIMENTIA

La plante a besoin d'eau pour vivre

Les lentilles ont trempé dans un contenant rempli d'eau pendant quatre jours avant d'être rincées et égouttées.

Mise en route de l'expérience

Ne pas arroser.

Recouvrir les graines d'eau.

Arroser légèrement tous les jours.

Expérience qui se poursuit après quelques jours

L'aspect des lentilles demeure le même.

Les lentilles manquent d'oxygène et pourrissent.

Les lentilles que tu as humidifiées germent.

6 Que retiens-tu de cette expérience ?

_____

_____

7 **A** Les humains et les animaux sont-ils les seuls à transpirer ?

_____

B Explique ta réponse.

_____

8 **A** Si tu as le temps, place ta plante à l'ombre.

B Obtiendras-tu les mêmes résultats qu'aux numéros 3, 4 et 5 si tu places ta plante à l'ombre ?

Les forêts tropicales couvrent environ 7 % de la surface de la Terre. Elles renferment approximativement la moitié de toutes les espèces de végétaux et d'animaux de la planète. La destruction de ces forêts doit cesser absolument, sinon un nombre incalculable d'espèces seront perdues à tout jamais.

Les végétaux, comme les animaux et les humains, ont des besoins en aliments, en eau et en oxygène. Ils doivent aussi évacuer leurs déchets et assurer la survie de leur espèce. De plus, ils sont obligés de s'adapter, sous peine de disparaître, au milieu parfois hostile dans lequel ils se trouvent.

CENTRUM DE DOCUMENTUM

9 **A** Combien de temps s'est écoulé depuis la préparation de l'expérience du numéro 3 ?

_____

B Qu'as-tu as observé pendant ce temps ?

_____

_____

C Pourquoi y a-t-il présence ou absence de gouttelettes d'eau ?

_____

_____

D Observe le dessous de la feuille. Que remarques-tu ?

_____

_____

Contrairement aux humains qui transpirent pour se rafraîchir, les plantes le font pour se débarrasser d'un excédent d'eau. À l'exception des périodes de sécheresse, leurs feuilles laissent sortir continuellement de l'eau par de petites ouvertures appelés stomates. Chez les conifères, les épines remplacent les feuilles, ce qui limite la transpiration. Les plantes jouent un rôle important dans le cycle de l'eau. En été, lorsque le temps est très humide, cela est dû en partie à la transpiration des plantes.

CENTRUM DE DOCUMENTUM

10 **A** Observe les illustrations ci-dessous.

L'évaporation et la transpiration forcées

1

Tige de pélargonium (géranium)
placé dans un tube rempli d'eau

2

Séchoir à cheveux qui simule
un vent chaud et sec

B Encercle les deux énoncés qui sont vrais.

- L'eau ne s'évapore pas par de minuscules orifices situés sous les feuilles.

- Le pélargonium (géranium) transpire, et le niveau de l'eau augmente dans le tube.

- Le pélargonium (géranium) transpire, et le niveau de l'eau diminue dans le tube.

- L'eau s'évapore par de minuscules orifices situés sous les feuilles.

C Discute de tes choix avec tes camarades.

Les étapes de l'évaporation, de la condensation et de la précipitation constituent le cycle de l'eau simplifié. La transpiration des plantes joue également un rôle dans le cycle de l'eau, de même que le ruissellement, c'est-à-dire l'eau qui coule à la surface du sol.

CENTRUM DE DOCUMENTUM

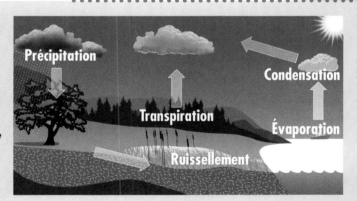

Précipitation · Condensation · Transpiration · Évaporation · Ruissellement

Je note mes découvertes et je laisse mes traces de l'escale 16 à la page 116.

115

Le calepin du scientifique

Je comprends et je retiens :

Escale **13** Des végétaux assoiffés

_____
_____
_____

Escale **14** L'arbre sous toutes ses coutures

_____
_____
_____

Escale **15** Les plantes, des contorsionnistes en herbe

_____
_____
_____

Escale **16** La transpiration, bien plus que des odeurs

_____
_____
_____

J'aimerais savoir :

_____
_____

J'aimerais connaître et je voudrais expérimenter :

_____
_____

Le rapport du scientifique

1. Les feuilles du céleri doivent être approvisionnées en eau pour maintenir la plante en vie.

    A Illustre comment l'eau circule dans le céleri jusqu'à ses feuilles.

    B Décris ce que tu illustres.

    _____

    _____

    _____

    _____

2. A Dessine la coupe transversale d'un arbre qui est de 10 ans plus jeune que ton enseignant ou ton enseignante.

    B Indique l'âge de ton professeur.

    C Indique l'âge de l'arbre.

3. Pourquoi dit-on qu'un plant de haricot peut se contorsionner ?

_____

_____

4. Entoure les êtres vivants qui peuvent transpirer dans la nature.

Le projet de recherche

1. Demande à un adulte de te fournir des coupes transversales de troncs et de branches d'arbre. Tu peux aussi faire appel à :
   - un service d'émondage
   - une entreprise d'exploitation forestière
   - une compagnie de services publics qui coupe les arbres ou en fait l'émondage pour protéger les fils de téléphone et les fils électriques.

   Tu peux même utiliser une bûche de bois de chauffage : tu n'auras alors que la moitié, le tiers ou le quart de sa **circonférence**.

2. Amuse-toi à trouver l'âge de tes morceaux, à les comparer, etc.

3. Identifie à l'aide d'un crayon l'année ou les années où la croissance a été forte.

4. Observe la texture de ton bois. Décris des ressemblances et des différences avec ceux de tes camarades.

5. Invente un jeu questionnaire à propos de tes morceaux de bois.

6. Présente-le à tes camarades ou fais-leur part de tes découvertes.

7. Dessine une de tes pièces de bois.

8. Décore un endroit de ton choix à l'aide de ton chef-d'œuvre.

Réflexion +

- Quelle place occupent les plantes dans la culture amérindienne ?

- Comment s'effectue le transport du bois au Québec ?

- Quel rôle jouent les végétaux dans la chaîne alimentaire ?

- Pourquoi dit-on que les plantes constituent le poumon de la Terre ?

Le répertoire des mots-clés

Acier Mélange de métaux constitué principalement de fer et de carbone.

Adaptation Condition qui permet à un animal ou à une plante de survivre et de se reproduire.

Adapter (s') Signifie qu'un animal se nourrit, s'abrite et se reproduit dans son environnement. Chez la plante, cela signifie se nourrir et se reproduire.

Béton renforcé Matériau de construction formé d'un mortier (mélange de ciment, de sable et d'eau) et de pierres concassées coulé autour d'une armature métallique.

Cellule Le plus petit élément qui compose un être vivant.

Circonférence Contour ou pourtour d'une surface ronde.

Condensation Transformation de la vapeur d'eau qui, s'étant suffisamment refroidie, passe de l'état gazeux invisible à l'état liquide.

Évaporation Passage de l'eau à l'état liquide à l'état de gaz invisible (vapeur d'eau) sans ébullition.

Exosquelette Squelette externe de certains animaux invertébrés comme la coccinelle, le homard et l'écrevisse.

Faculté (d'adaptation) Capacité particulière d'un être vivant à s'adapter.

Fléau Catastrophe naturelle.

Flexibilité Qualité de ce qui se laisse courber, de ce qui peut plier.

Force Cause qui modifie quelque chose ou quelqu'un au repos ou en mouvement.

Force de gravité Force exercée par un astre sur quelque chose ou sur quelqu'un.

Gorger (se) Se remplir de lumière à profusion en parlant des végétaux.

Limite Ligne qui sépare un terrain.

Matière Ce qui compose le vivant (végétal, animal, humain) ou le non-vivant (eau, air, sol, etc.) et qui se trouve sous un ou plusieurs états (solide, liquide ou gazeux).

Métal Élément brillant, souvent dur et résistant, et présent dans l'écorce terrestre. Habituellement bon conducteur de chaleur.

Nomenclature Ensemble des termes techniques d'une discipline comme la botanique.

Phénomène naturel Fait observable dans la nature.

Pigment Substance naturelle colorée produite par les organismes vivants.

Précipitation Chute d'eau provenant de l'atmosphère sous l'état liquide (pluie, brouillard) ou sous l'état solide (neige, grêle).

Régénérer (se) Se renouveler.

Vapeur d'eau État gazeux invisible de l'eau. Ne pas confondre la vapeur d'eau avec les fines gouttelettes d'eau visibles qui s'échappent d'une bouilloire.

Variable Qui peut changer, être modifié. Si on veut qu'une expérience soit valable, certaines variables ne doivent pas changer au cours de cette expérience.

Vertébré Qui possède une colonne vertébrale.

Crédits photographiques

Couverture
(1) PhotoDisc
(2) PhotoDisc
(3) Henry Hart/Tourisme Ville de Trois-Rivières
(4) PhotoDisc

Pages

7 (1) SPL/Publiphoto
(2) Institut Jane Goodall

8 The Dian Fossey Gorilla Fund International

9 (1) PhotoDisc
(2) PhotoDisc
(3) Fred Klus/SEPAQ
(4) PhotoDisc
(5) PhotoDisc
(6) Alain Roy

10 (1) Gilles Ouellette/Parcs Canada
(2) Pierre Bernier/SEPAQ
(3) Fred Klus/SEPAQ
(4) PhotoDisc
(5) Pierre Bernier/SEPAQ
(6) Pierre Bernier/SEPAQ
(7) Pierre Bernier/SEPAQ
(8) Fred Klus/SEPAQ
(9) Parcs Canada

11 (1) PhotoDisc
(2) PhotoDisc
(3) PhotoDisc
(4) Fred Klus/SEPAQ
(5) PhotoDisc

12 (1) PhotoDisc
(2) Pierre Pouliot/SEPAQ
(3) PhotoDisc

13 (Brebis) PhotoDisc
(Garçon) Alain Roy
(1) PhotoDisc
(2) Monique Rosevear
(3) PhotoDisc
(4) PhotoDisc

14 The Dian Fossey Gorilla Fund International

15 PhotoDisc

16 PhotoDisc

17 (1) PhotoDisc
(2) PhotoDisc
(3) Pierre Bernier/SEPAQ
(4) PhotoDisc
(5) NOVA Development Corporation
(6) PhotoDisc

18 PhotoDisc

19 (1) PhotoDisc
(2) PhotoDisc

20 (Dian Fossey) The Dian Fossey Gorilla Fund International
(1) PhotoDisc
(2) PhotoDisc
(3) PhotoDisc

(4) Francine Dépatie
(5) Francine Dépatie
(6) NOVA Development Corporation

25 (1) PhotoDisc
(2) PhotoDisc
(3) PhotoDisc
(Castor) Julie D'Amour-Léger/Biodôme de Montréal

26 (Diane Fossey) The Dian Fossey Gorilla Fund International
(1) PhotoDisc
(2) PhotoDisc
(3) PhotoDisc
(4) PhotoDisc
(5) Mauritius/Réflexion Photothèque
(6) Stockfoto/Réflexion Photothèque

27 Stockbyte

30 (1) PhotoDisc
(2) PhotoDisc
(3) PhotoDisc
(4) PhotoDisc

32 (1) PhotoDisc
(2) PhotoDisc
(3) PhotoDisc
(4) Stockbyte

35 (1) Robert Clow Todd/Musée du Québec
(2) Y. Tessier/Réflexion Photothèque

36 (Lavoisier) Jean-Loup Charmet/SPL/Publiphoto
(1) PhotoDisc
(2) Artville
(3) Artville
(4) Artville
(5) Artville
(6) PhotoDisc
(8) PhotoDisc
(9) PhotoDisc

40 (1) PhotoDisc
(2) PhotoDisc
(3) Artville
(4) PhotoDisc
(5) PhotoDisc
(6) PhotoDisc
(7) PhotoDisc
(8) Dessine-moi un mouton

42 Jean-Loup Charmet/SPL/Publiphoto

48 (Lavoisier) Jean-Loup Charmet/SPL/Publiphoto
(Fleur) PhotoDisc
(1) PhotoDisc
(2) Artville
(4) Hydro-Québec

54 (Lavoisier) Jean-Loup Charmet/SPL/Publiphoto
(1) Service météorologique du Canada, Région du Québec
(3) Service météorologique du Canada, Région du Québec

58 Musée des sciences et de la technologie du Canada

59 (1) International Stock/Réflexion Photothèque
(2) T. Bognar/Réflexion Photothèque
(3) PhotoDisc
(4) PhotoDisc
(4) T. Bognar/Réflexion Photothèque

60 (1) PhotoDisc
(3) PhotoDisc

63 (1) Archives nationales du Québec
(2) W. Bibikow/Réflexion Photothèque

64 (Marie Bernard) École Polytechnique
(1) Ville de Montréal. Gestion de documents et archives
(2) Picture Perfect/Réflexion Photothèque
(3) Francine Dépatie
(4) Hans Schindler
(5) Ville de Montréal. Gestion de documents et archives

67 Mauritius/Réflexion Photothèque

69 PhotoDisc

70 (Marie Bernard) École Polytechnique
(1) Ville de Montréal. Gestion de documents et archives
(2) Ville de Montréal. Gestion de documents et archives
(3) Ville de Montréal. Gestion de documents et archives
(4) W. Bibikow/Réflexion Photothèque

71 PhotoDisc

73 (1) Francine Dépatie
(2) PhotoDisc

75 Francine Dépatie

76 École Polytechnique

78 Agence canadienne spatiale

80 Ville de Montréal. Gestion de documents et archives

81 Tourisme Cantons-de-l'Est

82 (Marie Bernard) École Polytechnique
(3) Ville de Montréal. Gestion de documents et archives

85 Ville de Montréal. Gestion de documents et archives

88 (1) Picture Perfect/Réflexion Photothèque
(2) Francine Dépatie
(3) Ville de Montréal. Gestion de documents et archives
(4) Ville de Montréal. Gestion de documents et archives

90 Hélène S. Dubois/Tourisme Ville de Trois-Rivières

91 (1) Magella Chouinard/MAPAQ
(2) Marc Lajoie/MAPAQ

92 (Frère Marie-Victorin) Jardin botanique de Montréal
(1) Ministère des Ressources naturelles
(2) PhotoDisc
(3) NOVA Development Corporation
(4) Jardin botanique de Montréal

95 Ville de Montréal. Gestion de documents et archives

98 (Frère Marie-Victorin) Jardin botanique de Montréal
(1) Jardin botanique de Montréal
(2) Alain Roy
(3) Ministère des Ressources naturelles
(4) PhotoDisc
(5) Ministère des Ressources naturelles
(6) Monique Rosevear

101 Réjean Gagnon

102 Léo Bourdon/Collection Centre d'interprétation Château Logue

104 (Frère Marie-Victorin) Jardin botanique de Montréal
(1) Dessine-moi un mouton
(2) PhotoDisc
(3) Francine Dépatie
(4) Bruce De Lis/Publiphoto

106 (1) Ministère des Ressources naturelles
(2) Ministère des Ressources naturelles

107 PhotoDisc

110 (Frère Marie-Victorin) Jardin botanique de Montréal
(1) BSIP/Alpha-Presse
(2) Klein/BIOS/Alpha-Presse
(3) PhotoDisc
(4) PhotoDisc

113 PhotoDisc

114 PhotoDisc

116 (1) PhotoDisc
(2) Ministère des Ressources naturelles
(3) Francine Dépatie
(4) Klein/BIOS/Alpha-Presse

117 (1) PhotoDisc
(2) PhotoDisc
(3) PhotoDisc
(4) Photodisc
(5) PhotoDisc

118 PhotoDisc